Direito
Tributário

O GEN | Grupo Editorial Nacional – maior plataforma editorial brasileira no segmento científico, técnico e profissional – publica conteúdos nas áreas de concursos, ciências jurídicas, humanas, exatas, da saúde e sociais aplicadas, além de prover serviços direcionados à educação continuada.

As editoras que integram o GEN, das mais respeitadas no mercado editorial, construíram catálogos inigualáveis, com obras decisivas para a formação acadêmica e o aperfeiçoamento de várias gerações de profissionais e estudantes, tendo se tornado sinônimo de qualidade e seriedade.

A missão do GEN e dos núcleos de conteúdo que o compõem é prover a melhor informação científica e distribuí-la de maneira flexível e conveniente, a preços justos, gerando benefícios e servindo a autores, docentes, livreiros, funcionários, colaboradores e acionistas.

Nosso comportamento ético incondicional e nossa responsabilidade social e ambiental são reforçados pela natureza educacional de nossa atividade e dão sustentabilidade ao crescimento contínuo e à rentabilidade do grupo.

Arnaldo Sampaio de Moraes **Godoy**

COORDENAÇÃO
Renee do Ó **Souza**

Direito
Tributário

2ª EDIÇÃO REVISTA, ATUALIZADA E REFORMULADA

- O autor deste livro e a editora empenharam seus melhores esforços para assegurar que as informações e os procedimentos apresentados no texto estejam em acordo com os padrões aceitos à época da publicação, e todos os dados foram atualizados pelo autor até a data de fechamento do livro. Entretanto, tendo em conta a evolução das ciências, as atualizações legislativas, as mudanças regulamentares governamentais e o constante fluxo de novas informações sobre os temas que constam do livro, recomendamos enfaticamente que os leitores consultem sempre outras fontes fidedignas, de modo a se certificarem de que as informações contidas no texto estão corretas e de que não houve alterações nas recomendações ou na legislação regulamentadora.
- Fechamento desta edição: *20.05.2022*
- O autor e a editora se empenharam para citar adequadamente e dar o devido crédito a todos os detentores de direitos autorais de qualquer material utilizado neste livro, dispondo-se a possíveis acertos posteriores caso, inadvertida e involuntariamente, a identificação de algum deles tenha sido omitida.
- **Atendimento ao cliente: (11) 5080-0751 | faleconosco@grupogen.com.br**
- Direitos exclusivos para a língua portuguesa
  Copyright © 2022 by
  Editora Forense Ltda.
  Uma editora integrante do GEN | Grupo Editorial Nacional
  Travessa do Ouvidor, 11 – Térreo e 6º andar
  Rio de Janeiro – RJ – 20040-040
  www.grupogen.com.br
- Reservados todos os direitos. É proibida a duplicação ou reprodução deste volume, no todo ou em parte, em quaisquer formas ou por quaisquer meios (eletrônico, mecânico, gravação, fotocópia, distribuição pela Internet ou outros), sem permissão, por escrito, da Editora Forense Ltda.
- Esta obra passou a ser publicada pela Editora Método | Grupo GEN a partir da 2ª edição.
- Esta obra, anteriormente designada *Resumo de Direito Tributário*, passou a ser intitulada *Direito Tributário* a partir da 2ª edição.
- Capa: Bruno Sales Zorzetto
- **CIP – BRASIL. CATALOGAÇÃO NA PUBLICAÇÃO.
  SINDICATO NACIONAL DOS EDITORES DE LIVROS, RJ.**

  G532d
  2. ed.

  Godoy, Arnaldo Sampaio de Moraes
  Direito tributário / Arnaldo Sampaio de Moraes Godoy; coordenação Renee do Ó Souza. –
  2. ed. rev., atual e reform. – Rio de Janeiro: Método, 2022.
  264 p.; 21 cm.   (Método essencial)

  Inclui bibliografia
  ISBN 978-65-5964-571-8

  1. Direito tributário – Brasil. 2. Serviço público – Brasil – Concursos. I. Souza, Renee do Ó. II. Título.

  22-77454   CDU: 34:351.713(81)

  Gabriela Faray Ferreira Lopes – Bibliotecária – CRB-7/6643

Sumário

Capítulo 1
O Direito Tributário 1

Capítulo 2
Conceito de tributo 13

Capítulo 3
O Estatuto do Contribuinte (princípios constitucionais tributários) 27

3.1 As limitações do poder de tributar 27
3.2 O princípio da justiça 30
3.3 O interesse público 31
3.4 As fontes do Direito Tributário 32
3.5 O princípio da legalidade 34
3.6 A lei complementar 38
3.7 A medida provisória 48
3.8 O princípio da isonomia ou da igualdade tributária 49
3.9 O princípio da capacidade contributiva 55
3.10 O princípio da irretroatividade 61
3.11 O princípio da anterioridade 64
3.12 O princípio da anterioridade nonagesimal 68
3.13 O princípio da vedação do confisco 70
3.14 O princípio da não limitação ao tráfego de pessoas e bens 75
3.15 Princípio da não discriminação em razão da procedência ou do destino 77
3.16 Princípio da uniformidade geográfica 78

Capítulo 4
As imunidades tributárias 81

4.1 A imunidade dos templos de qualquer culto 82
4.2 A imunidade tributária recíproca 98
4.3 A imunidade de livros, jornais, periódicos e o papel destinado à sua impressão 106

Capítulo 5
A estrutura do Código Tributário Nacional e as normas gerais de Direito Tributário 117

5.1 Normas gerais de Direito Tributário 119
   5.1.1 Legislação tributária 119
   5.1.2 Os tratados e as convenções internacionais 120
   5.1.3 Decretos e normas complementares 124
5.2 Vigência da legislação tributária 126
5.3 Aplicação da legislação tributária 128
5.4 Interpretação e integração da legislação tributária 130
5.5 Obrigação tributária 136
5.6 Fato gerador 138
5.7 Sujeição tributária 139
5.8 Domicílio tributário 142
5.9 Responsabilidade tributária 143
5.10 Crédito tributário 146
   5.10.1 Lançamento 146
   5.10.2 Modalidades de lançamento 149
   5.10.3 Suspensão da exigibilidade do crédito tributário 152
5.11 Extinção do crédito tributário 155
   5.11.1 Modalidades de extinção 155
5.12 Exclusão do crédito tributário 167
5.13 Garantias e privilégios do crédito tributário 169
5.14 Dívida ativa 172

Capítulo 6
As espécies tributárias 173

  6.1 Impostos 173

6.2 Impostos federais 177
 6.2.1 Imposto de Renda (IR) 178
 6.2.2 Imposto sobre Importação (II) 181
 6.2.3 Imposto sobre Exportação (IE) 185
 6.2.4 Imposto sobre a Propriedade Territorial Rural (ITR) 187
 6.2.5 Imposto sobre Produtos Industrializados (IPI) 188
 6.2.6 Imposto sobre Operações de Crédito, Câmbio e Seguro, e sobre Operações Relativas a Títulos e Valores Mobiliários (IOF) 191
6.3 Impostos estaduais 192
 6.3.1 Imposto sobre Transmissão *Causa Mortis* e Doação (ITCMD) 193
 6.3.2 Imposto sobre Circulação de Mercadorias e Serviços (ICMS) 194
 6.3.3 Imposto sobre Propriedade de Veículos Automotores (IPVA) 199
6.4 Impostos municipais 202
 6.4.1 Imposto Predial e Territorial Urbano (IPTU) 203
 6.4.2 Impostos Sobre Serviços de Qualquer Natureza (ISS) .. 204
 6.4.3 Imposto sobre Transmissão de Bens *Inter Vivos* (ITBI) .. 205
6.5 Taxas 206
6.6 Contribuições de melhoria 208
6.7 Contribuições sociais 210

Capítulo 7

Direito Processual Tributário 215

7.1 O processo administrativo fiscal 215
7.2 As ações judiciais 222
 7.2.1 Ação declaratória de inexistência de relação jurídico-tributária 222
 7.2.2 Ação anulatória do ato declarativo da dívida 222
 7.2.3 Ação de consignação em pagamento 223
 7.2.4 Ação de repetição de indébito 225
 7.2.5 Execução fiscal, embargos à execução e exceção de preexecutividade 226
 7.2.6 Mandado de segurança 229

Capítulo 8
Direito Penal Tributário 233

Capítulo 9
Direito Tributário Internacional 247

Referências 255

1

O Direito Tributário

O Direito Tributário é o ramo do Direito Público que se ocupa da arrecadação de recursos com os quais o Estado atende suas despesas. Trata-se de conjunto sistematizado de regras e princípios que orienta a atividade financeira do Estado, com fortes reflexos na organização da economia e na vida dos cidadãos.

Justifica-se também pela insuficiência do patrimônio do Estado para suportar os custos que lhes são mandatórios, como condição de existência, e para realizar seus objetivos. Não há Estado sem tributação que o sustente. O fundamento da tributação é o Estado, que tem como condição de existência os tributos que cobra.

Nos Estados contemporâneos, o Direito Tributário é também importante instrumento de transferência de recursos, revelando-se como a mais importante fonte para financiamento de políticas públicas. Nos regimes democráticos há um dever fundamental de pagar impostos.

Como se verá, o Direito Tributário se pauta, principalmente, pelo princípio da legalidade absoluta, como medida de contrapeso entre os interesses do Fisco e os direitos dos contribuintes. Os Estados buscam receitas públicas. O Direito Tributário se ocupa com a arrecadação dessas receitas, mediando as relações do Estado com os cidadãos. Trata-se da atividade fiscal, que compreende a criação dos tributos, o lançamento, a cobrança (inclusive judicial) e a fiscalização. Há também matéria penal envolvida.

John Marshall, juiz da Suprema Corte norte-americana, afirmou, em julgado célebre (de 1819) que o poder de tributar envolve, necessariamente, o poder de destruir.[1] Por outro lado, Oliver Wendell Holmes Jr., também juiz da Suprema Corte dos Estados Unidos, afirmava (em 1927) que o pagamento de tributos o tornava feliz, porque era o preço que pagava pela vida civilizada.[2] Essa tensão, que opõe a organização da vida privada à necessidade de recursos, por parte do Estado, é um dos pontos essenciais dessa disciplina. Do ponto de vista prático se manifesta também por intensa litigiosidade. É o Direito Tributário que torna o Estado um dos maiores litigantes que há.

Recentes questões levadas ao Judiciário no contexto da pandemia de Covid-19 também ilustram tristemente essa tensão. A presença do Estado é exigida de modo pleno, mediante políticas de intervenção e de distribuição que não se realizam sem os recursos necessários. Pode-se argumentar que desprover o Estado dos recursos de que necessita, em momento de reconhecida necessidade, por ordem judicial, é medida que fragiliza e anula a atuação estatal, com reflexos – entre outros – no próprio funcionamento do Poder Judiciário.

Nesse aspecto, houve várias tentativas de intervenção judicial, com o objetivo de fixação – via Judiciário – de regi-

---

[1] U.S. Supreme Court, Mc Culloch v. Maryland, 17 U.S. 327 (1819).
[2] U.S. Supreme Court, Co. General de Tabacos de Filipinas v. Collector of Internal, 275 U.S. 87 (1927).

mes de moratória, como tentativas de diminuição dos danos materiais que decorrem da pandemia. E há também presentemente formas alternativas de parcelamento ou de transação, como resultado de políticas governamentais de enfrentamento do problema.

O Direito Tributário tem como objeto central a construção conceitual das várias modalidades tributárias, bem como os arranjos institucionais que organizam as exigências fiscais. Radica no Direito Constitucional, de onde colhe princípios norteadores e linhas gerais. As normas de Direito Tributário são de natureza cogente. O Direito Tributário cuida da instituição, da arrecadação e da fiscalização das várias espécies tributárias. A justificativa da tributação e a discussão acerca da justiça tributária é tema para a Ciência das Finanças.

A tributação é assunto constante na história dos povos. Ainda que não se possa afirmar que houve um modelo tributário racionalmente organizado no passado, há evidências de que civilizações antecedentes se preocuparam seriamente com o problema da tributação.

Do Direito Romano, por exemplo, de quem buscamos as estruturas conceituais básicas do Direito Privado, herdamos também arranjos tributários, a exemplo das ideias de Erário e de Fisco, referente à separação dos patrimônios do Estado e do Imperador, respectivamente. No Código de Justiniano, há regras relativas aos direitos do Fisco, às suas demandas, às penalidades tributárias, aos cobradores de tributos, às exações indevidas, bem como à vedação de imunidades. No *Digesto*, há um título relativo aos direitos do Fisco.

O princípio de que a origem dos recursos é irrelevante para a tributação da renda é ilustrado com passagem da história romana. Conta-nos Suetônio, na *Vida dos Doze Césares*, que o Imperador Vespasiano fora censurado pelo filho, Tito, porque cobrava tributos pelo uso dos urinóis em Roma, capital do Império. Irritado com a insolência do filho, Vespasiano lhe mostrou algumas moedas, dizendo que o dinheiro não cheirava, *pecunia non olet*. Desse modo, se os urinóis não afetavam a olência das moedas, não havia por que deixar de cobrar o tributo pelo seu uso.

Esse princípio permanece atualíssimo e é aplicado em várias demandas que opõem Fisco e contribuintes. É o que justifica, por exemplo, o lançamento de tributos como resultado do acréscimo patrimonial ou circulação de recursos, ainda que vinculados a atividades ilícitas, o que não justifica ou reconhece essas atividades. Em outras palavras, quem aufere lucros com o rufianismo (art. 230 do Código Penal) será tributado pela renda obtida, o que não significa a descriminalização do aproveitamento da prostituição alheia.

Ainda do ponto de vista histórico, à ordem institucional feudal correspondeu uma variedade de imposições, sob os mais variados nomes e motivos, a exemplo das talhas (que consistiam na entrega, pelo servo, de parcela de sua produção), das corveias (cobradas em horas de trabalho), das banalidades (pagas pelos servos pelo uso dos bens de produção do senhor feudal), das capitações (calculadas sobre o número de servos), das formariages (que o servo pagava para se casar com mulher que habitava outro feudo).

Houve reação, a exemplo do ocorrido na Inglaterra, quando os barões ingleses pressionaram João Sem-Terra a obter autorização para tributar. A tributação é também o pano de fundo da Independência dos Estados Unidos e da Revolução Francesa. Os historiadores do Direito observam que a relação entre a tributação e movimentos políticos é recorrente.

No caso brasileiro, a presença portuguesa em nosso território foi marcada por vários modelos de extração fiscal. A resistência dos inconfidentes de Minas Gerais se organizou como um contraponto à cobrança da derrama, que consistia na cobrança compulsória de dívidas fiscais vencidas, como o quinto e a capitação.

Com a vinda da Família Real Portuguesa para o Brasil, em 1808, o sistema tributário português foi definitivamente implantado entre nós, especialmente do ponto de vista administrativo. Por exemplo, em 28 de junho de 1808, D. João baixou alvará que criava o Erário Régio e o Conselho da Fazenda, prevendo, inclusive, métodos de escrituração e de contabilidade. Ao longo do século XIX, o sistema de cobrança de tributos funcionou de um modo desorganizado. Com a Proclamação da República, e com o primeiro governo republicano, conhece-se a partir da atuação de Rui Barbosa como Ministro da Fazenda no governo de Deodoro da Fonseca, uma tentativa de racionalização das cobranças, que só se complementa na segunda metade do século XX.

Rui Barbosa se notabilizou pela defesa do imposto de renda, como se lê em relatório que preparou quando ministro. Preocupado com a diminuição das receitas da União, Rui Barbosa sugeriu novos impostos que atenderiam essa necessidade. Defendeu o imposto de renda, um imposto sobre os terrenos incultos e não edificados na capital da República, um imposto sobre o álcool, um imposto sobre o fumo, bem como a agravação do imposto do selo.

Quanto ao imposto de renda, Rui partia da defesa dos impostos diretos, que atenderiam os princípios da justiça nas sociedades do mais amplo desenvolvimento moral. Rui imputava ao imposto sobre a renda uma medida de justiça. O imposto de renda consistiria em uma contribuição direta que atenderia às peculiaridades de todos os contribuintes, na medida de suas possibilidades. Rui insistia na ideia de distribuição dos encargos e responsabilidades fiscais, entre os economicamente mais poderosos.

Rui lembrava que as atenções governamentais, até então, recaíam tão somente sobre os impostos indiretos. Historicamente, a tributação na entrada de mercadorias havia sido a fórmula mais utilizada para a captação de recursos fiscais, tendência que preponderava desde o período joanino. A Carta Régia de 28 de janeiro de 1808, que regulamentou a **abertura dos portos às nações amigas**, é o texto normativo fundante dessa intenção.

Bem mais tarde, a Emenda Constitucional nº 18/1965, e o Código Tributário Nacional (CTN – Lei nº 5.172, de 25 de outubro de 1966) identificam um avanço na racionalização do sistema tributário nacional. Aliomar Baleeiro, Rubens Gomes de Sousa e Gilberto de Ulhôa Canto exerceram papel essencial na fixação dessas pedras fundamentais, que resultaram em um sistema constitucional parcialmente adotado pela Constituição de 1988 e em um Código Tributário que vem sendo utilizado ao longo dos anos, com conceitos que marcam uma cultura jurídica tributária nacional. Houve intensa troca de cartas entre Rubens Gomes de Sousa e Aliomar Baleeiro, durante 20 anos, enquanto se elaborou e discutiu o código. Essas cartas dão conta de discussão em torno de vários aspectos desse importante livro.

A Emenda nº 18, acima mencionada, tratava, entre outros assuntos, do princípio da legalidade, da exigência de prévia autorização orçamentária para criação de tributos, proibia a limitação do tráfego (por razões tributárias), fixando um quadro de imunidades tributárias recíprocas, e cuidando também de empréstimos compulsórios. Refletia o crescimento do Estado, e de suas funções, o que justificaria a ampliação de fórmulas de arrecadação fiscal.

Como ramo do Direito Público, o Direito Tributário se aproxima do Direito Financeiro, embora mantendo com este uma relação autônoma e organicamente independente. Geraldo Ataliba, um dos pais fundadores do Direito Tributário brasileiro, sustentava que o Direito Tributário era ramo do Direito Financeiro, percebendo um vínculo quase que indissociável entre esses dois campos de estudo e de prática organizacional.

No entanto, o próprio texto constitucional vigente confirma a autonomia do Direito Tributário em relação ao Direito Financeiro, na medida em que trata separadamente a tributação e o orçamento, em um mesmo título. O sistema tributário nacional é tratado nas seis seções do capítulo I do título VI (arts. 145 a 162), enquanto as finanças públicas (aí se incluindo o orçamento) são tratadas nas duas seções do capítulo II (arts. 163 a 169). Essa divisão comprova, do ponto de vista da topografia normativa, que há autonomia reconhecida do Direito Tributário, por parte do sistema constitucional.

Deve-se lembrar ainda que uma das normas mais importantes de Direito Financeiro é a Lei nº 4.320, de 17 de março de 1964, cuja origem e aplicação prática se deu concomitantemente ao CTN. O Direito Financeiro trata das normas relativas às receitas, despesas, orçamento e crédito público. Tem por objetivo regular a atividade de arrecadação, de guarda e de dispêndio do que o Estado arrecadou.

O Direito Financeiro se ocupa da receita, ainda que sob outro prisma. Disciplina a transferência de recursos públicos entre os vários entes, o orçamento, seus princípios, as leis orçamentárias, o processo legislativo referente ao orçamento, a despesa, suas fases (empenho, liquidação e pagamento), a fiscalização financeira (controles internos e externos). Trata também da dívida pública, fundada e flutuante. A dívida fundada é caracterizada por empréstimos de médio e longo prazos, que geralmente excedem a 12 meses. A dívida flutuante, por sua vez, é aquela de pequeno prazo. Os financistas mencionam ainda uma dívida consolidada, de prazo permanente, em relação à qual apenas os juros são pagos.

A Lei de Responsabilidade Fiscal (LRF) também é objeto de estudos do Direito Financeiro. Trata-se da Lei Complementar nº 101, de 4 de maio de 2000. Essa lei estabelece normas de finanças públicas, voltadas para a responsabilidade na gestão fiscal (art. 1º, *caput*). A LRF fixa os limites e as características da lei de diretrizes orçamentárias (art. 4º), da lei orçamentária anual (art. 5º), bem como da execução orçamentária e do cumprimento de metas (art. 8º). A LRF também trata da previsão e efetiva arrecadação de todos os tributos da competência constitucional dos entes da Federação, que considera requisitos essenciais da responsabilidade na gestão fiscal (art. 11).

É de suma importância a regra relativa à renúncia de receita (art. 14). Nos termos da LRF, a concessão ou ampliação de incentivo ou benefício de natureza tributária da qual decorra renúncia de receita deverá estar acompanhada de estimativa do impacto orçamentário-financeiro no exercício em que deva iniciar sua vigência e nos dois seguintes, atender ao disposto na lei de diretrizes orçamentárias e a pelo menos algumas condições.

A LRF dispõe também que a renúncia de receita compreende anistia, remissão, subsídio, crédito presumido, concessão de isenção em caráter não geral, alteração de alíquota ou modificação de base de cálculo que implique redução discriminada de tributos ou contribuições, e outros benefícios que correspondam a tratamento diferenciado. Importante frisar que essa regra não se aplica às alterações de alíquotas dos impostos de importação, de exportação, sobre produtos industrializa e sobre as operações de crédito, câmbio e seguro, que são impostos extrafiscais, marcados pela possibilidade de intervenção na economia, no mercado e na vida comercial.

Há também previsão de que a regra de renúncia de receita não se aplica ao cancelamento do débito cujo montante seja inferior ao dos respectivos custos de cobrança. Esta última se relaciona principalmente com a prática da execução fiscal. A cobrança de títulos executivos de pequeno valor suscita um custo maior de cobrança, com consequente perda para os cofres públicos.

Dado o fato de que créditos públicos seriam abstratamente irrenunciáveis, a tradição da administração fiscal brasileira é marcada por resistência à prática de renúncia de créditos. Presentemente há valores de alçada para ajuizamento de execuções fiscais, o que não significa, necessariamente, que se tem ao mesmo tempo a baixa ou extinção do crédito. Não se tem o ajuizamento, permanecendo o devedor, no entanto, com constrangimentos relativos à impossibilidade de obter certidões negativas.

O Direito Tributário e a tributação, por consequência, são instrumentos para que o Estado possa se manter. Os direitos têm custos. Para dois autores norte-americanos que estudaram o assunto, Stephen Holmes e Cass R. Sunstein (1999), direitos são serviços públicos que o Estado presta em troca de tributos. O tributo como pagamento pela fruição de bens públicos é a justificativa para a compulsoriedade do pagamento.

Esses autores também argumentam que os direitos têm custos sociais além dos custos orçamentários. Todos os direitos demandam financiamento. Holmes e Sunstein (1999) sustentam esse argumento com a 3ª Emenda à Constituição norte-americana. Essa emenda desonerou o cidadão norte-americano de abrigar soldados em sua casa, ainda no século XVIII. Como consequência, o contribuinte precisou de financiar barracas e quartéis.

O direito ao júri demanda custos; de igual modo, e com mais intensidade, compensações que são pagas por desapropriação. Holmes e Sunstein (1999) argumentam que quando alguém chama a polícia está se impondo que a comunidade contribua para o pagamento de demanda individual. A judicialização de boa parte das discussões públicas faz com que juízes decidam exatamente onde alocar o dinheiro dos contribuintes; por isso, quando magistrados insistem numa conciliação, reconhecem que buscam economizar para o Estado.

O Direito Tributário se relaciona com várias outras disciplinas. Conta com seus fundamentos no Direito Constitucional. A atividade estatal, ligada à cobrança de tributos, é regulada por normas de Direito Administrativo. A noção de poder de polícia, central no Direito Administrativo, é tomada do Código Tributário Nacional (art. 78).

Com o Direito Processual o Direito Tributário divide institutos que se aplicam às ações tributárias, a exemplo da execução fiscal, do mandado de segurança, das ações anulatórias, de repetição de indébito, das declaratórias e das ações de consignação em pagamento.

Em relação ao Direito Privado, o CTN expressamente dispõe, no art. 110, que a lei tributária não pode alterar a definição, o conteúdo e o alcance de institutos, conceitos e formas de Direito Privado, utilizados, expressa ou implicitamente, pela Constituição Federal, pelas Constituições dos Estados, ou pelas Leis Orgânicas do Distrito Federal ou dos Municípios, para definir ou limitar competências tributárias.

Admitindo-se, no entanto, para efeitos didáticos, a unidade do Direito, deve-se considerar que o Direito Tributário se pauta por institutos próprios, a exemplo dos elementos que regulamentam o crédito tributário, como sua liquidação, suspensão e exclusão. Há paralelos com institutos clássicos de Direito Privado, como prescrição e decadência, que em Direito Tributário, no entanto, tem algumas peculiaridades.

O Direito Tributário se relaciona com a Economia, especialmente com a Macroeconomia, justamente por se tratar de importantíssimo elemento de organização da ordem econômica. Nesse sentido, há preocupação com o impacto dos tributos em relação aos preços e o nível da atividade econômica. O financiamento do déficit público é problema que se desdobra também no contexto da tributação. O nível de suportabilidade fiscal é definido pela **curva de Lafer**, quando se percebe que um aumento pesado nas taxas de extração fiscal resulta na queda dos níveis de arrecadação.

O Direito Tributário também se relaciona com a Filosofia Política, na medida em que se discute, no limite, a fundamentação filosófica para que o particular entregue parcela de seus recursos ao Estado. Assim, os comunitaristas, preocupados mais com a sociedade, e menos com o indivíduo, opõem-se aos libertaristas, que fundamentam a ação individual na liberdade, o que limita a ação estatal. Um embate entre as fórmulas de intervenção limitada do modelo norte-americano e os sistemas clássicos de Estado de Bem-Estar da Europa Ocidental do pós--guerra ilustra essa tensão.

No passado, preferiu-se a expressão **Direito Fiscal** a **Direito Tributário**. Direito Fiscal é o modo como a disciplina era denominada pelos autores franceses, espanhóis e argentinos. Além do que, como sublinhado por Bernardo Ribeiro de Moraes, a denominação **fisco** se consolida, de algum modo, por entidade de renome: a International Fiscal Association (IFA), fundada em 1938.

Entre nós, consagrou-se a expressão Direito Tributário, por força da influência de aurores estrangeiros (Dino Jarah, Perez de Ayla) e nacionais (Alfredo Augusto Becker, José Souto Maior Borges, Paulo de Barros Carvalho, entre outros). Há também dois aspectos de ordem prática que justificam a opção por Direito Tributário em desfavor de Direito Fiscal: a inserção constitucional (Sistema Tributário), bem como o código vigente (Código Tributário Nacional).

2

Conceito de tributo

No anteprojeto original do Código Tributário Nacional (CTN), elaborado por Rubens Gomes de Sousa, definiu-se tributo como toda exação instituída em lei pela União, pelos Estados, pelo Distrito Federal ou pelos Municípios, em benefício da Fazenda Pública respectiva, para obtenção, nos termos previstos na referida lei, de receita proveniente do patrimônio das pessoas naturais ou jurídicas, destinada ao custeio das atividades gerais ou especiais de sua competência ou atribuição e seu caráter de pessoa jurídica de Direito Público interno.

Trata-se de definição extensa, que contempla competências, destinação orçamentária e beneficiários das receitas. Tem-se uma acepção de tributo que atende mais objetivamente aos propósitos do Direito Financeiro.

Ao longo de várias discussões, alterou-se essa definição. No projeto do CTN levado ao Legislativo, o conceito de tributo foi modificado. Nos termos dessa segunda proposta se definia tributo como toda prestação pecuniária instituída por lei com caráter compulsório pela União, pelos Estados, pelo Distrito Federal ou pelos Municípios, no uso de sua competência constitucional inerente à sua condição de pessoa jurídica de Direito Público.

Com forte conteúdo financeiro se conheceu a primeira definição normativa de tributo, por parte do Direito brasileiro. Trata-se do art. 9º da Lei nº 4.320/1964, com vigência até hoje, que dispõe que tributo é a receita derivada instituída pelas entidades de Direito Público, compreendendo os impostos, as taxas e contribuições nos termos da constituição e das leis vigentes em matéria financeira, destinando-se o seu produto ao custeio de atividades gerais ou especificas exercidas por essas entidades.

Ainda que vetado pelo então presidente da República (João Goulart), o Congresso derrubou o veto, pelo que foi mantida a definição. Receita derivada é aquela obtida pelo Estado mediante o que lhe confere seu poder de império.

O conceito de tributo tem como pressuposto a soberania estatal. Não há presentemente uma concepção de tributo que contemple um sentido de colaboração, por intermédio do qual o cidadão, mediante os recursos que aporta ao Estado, participaria do financiamento das atividades estatais, em prol da comunidade.

Geraldo Ataliba (1964, p. 8) entendia o tributo como um meio normal pelo qual os particulares que vivem em determinado Estado, direta ou indiretamente beneficiados por sua atividade e proteção, concorreriam com o custeio da administração pública e da atividade administrativa. Essa concepção tributária não prosperou entre nós.

Registre-se que tributo é substantivo polissêmico, que explicita vários significados. De acordo com Paulo de Barros Carvalho (2011, p. 51), tributo pode expressar quantia em dinheiro, prestação correspondente ao dever jurídico do sujeito passivo, relação jurídico tributária, norma, fato e relação jurídica. Em um sentido mais pragmático, o tributo consiste em mandamento de transferência de riqueza do particular para o Estado.

Na origem, *tributum* é substantivo originário do verbo latino *tribuere*, com significado peculiar de divisão entre as tribos da Roma arcaica. Segundo Bernardo Ribeiro de Moraes (1993, p. 349), a expressão enfatizou o sentido de distribuição, o que contemporaneamente poderia ser entendido como a repartição da carga pública entre os cidadãos, determinada pela autoridade em relação aos subordinados.

Porém, na redação definitiva do CTN, fixou-se o conceito hoje prevalecente. Dispõe o art. 3º do CTN que tributo é toda prestação pecuniária compulsória, em moeda ou cujo valor nela se possa exprimir, que não constitua sanção de ato ilícito, instituída em lei e cobrada mediante atividade administrativa plenamente vinculada. Dos elementos componentes dessa definição legal trataremos agora.

A definição de tributo, veiculada por lei complementar, exerce função prática no Direito brasileiro. Segundo Ruy Barbosa Nogueira (1999, p. 157), a definição de tributo propicia um modelo geral com o objetivo de prevenir que a título de tributo o poder público requisite prestações do particular que não sejam tributos, e que, por confusão, poderiam suscitar a aplicação de regras tributárias.

A definição legal das características do tributo implica a aplicação do regime tributário apenas em relação às imposições que se acomodem à definição legal. A definição legal de tributo afasta do campo fechado da tributação várias imposições estatais que contam com natureza diversa.

Prestação pecuniária significa, simplesmente, que o tributo é obrigação legal que se resolve com pagamento em dinheiro. Pecúnia é substantivo que vem da designação latina para animais de rebanho e criação. Referenciava-se como valor de troca e, por extensão, a expressão foi recebida como sinônimo de valor monetário.

A moeda é o meio de quantificação do tributo devido. Tributos podem ser liquidados mediante o uso de cheques, e assim dispõe o art. 162 do CTN. Nessa hipótese, a extinção do crédito dá-se, tão somente, com o resgate pelo sacado (no caso, a pessoa jurídica de direito público credora), também em virtude de disposição expressa do CTN (art. 162, § 2º). Nesse sentido, na tipologia geral do Direito obrigacional, trata-se de obrigação *pro solvendo*.

Não se pode falar em tributo pago *in natura*, como ocorria, por exemplo, no século XIX. Tem-se notícia de uma ordem regencial, datada de 14 de fevereiro de 1832, que regulamentava a cobrança dos direitos do ouro em pó. Os tesoureiros do Império contavam com duas balanças, uma para os pesos menores (chamados de miúdos) e outra para os pesos maiores, que serviam para a aferição dos tributos então devidos. Trata-se de reminiscência histórica, um registro de que no passado se contou com a técnica da tributação *in natura*, hoje rejeitada pelo CTN.

De igual modo, não se pode falar de tributação *in labore*, mediante a qual o contribuinte quitaria obrigações fiscais trabalhando gratuitamente para o Estado. Não há natureza tributária, no serviço militar obrigatório, ou mesmo na colaboração com a defesa civil em situações de calamidade, ainda que situações de cooperação para com o Estado. Não se vislumbra também a figura do tributo nas hipóteses de atendimento ao Tribunal do Júri (na qualidade de jurado), bem como o atendimento a determinações da Justiça Eleitoral, na qualidade de mesário.

A compulsoriedade é o segundo elemento que predica da definição legal de tributo. Tem-se relação jurídica de subordinação que vincula o cidadão ao Estado. Não se trata de relação contratual, como se observa no Direito Privado, pautada pela autonomia da vontade. No limite, trata-se de uma relação de poder, cujo consenso se baseia na ficção de que há autorização para que tributos sejam cobrados. A relação de poder, desse modo, transforma-se em relação jurídica, o que se traduz pela compulsoriedade.

Essa compulsoriedade somente se justifica na medida em que amparada por lei. Trata-se de uma obrigação *ex lege*. O tributo não enseja voluntarismo por parte do cidadão. E porque o tributo é uma receita pública, de natureza derivada, os fundamentos do Direito Público conceitualmente justificam sua imposição, a exemplo da noção que restringe o interesse privado em face do interesse público. Como sublinhou Hugo de Brito Machado, a compulsoriedade significa, objetivamente, que a relação tributária é uma relação jurídica, não se tratando da mera liberalidade do contribuinte.

O tributo é traduzido em moeda ou valor que se lhe exprima. Essa dimensão precisa ser revista e ampliada à luz de uma leitura contemporânea das relações entre o fisco e o contribuinte. Pode-se hoje falar em quitação de tributos mediante a entrega de um bem imóvel para o Estado.

A Lei Complementar nº 104, de 10 de janeiro de 2001, acrescentou o inciso XI ao art. 156 do CTN, incluindo a dação em pagamento em bens imóveis, na forma e condições estabelecidas em lei como modalidade de extinção do crédito tributário. A dação em pagamento para quitação de tributos está regulamentada pelo Lei nº 13.259, de 16 de março de 2016, que dispõe que o crédito tributário inscrito em dívida ativa da União poderá ser extinto, mediante dação em pagamento de bens imóveis, a critério do credor, desde que atendidas as condições que a lei estipula.

Dispôs-se que a dação deve ser precedida de avaliação do bem ou dos bens ofertados, que devem estar livres e desembaraçados de quaisquer ônus, nos termos de ato do Ministério da Economia. A dação deve abranger a totalidade do crédito ou créditos que se pretende liquidar, com atualização, juros, multa e encargos legais, vedando-se desconto de qualquer natureza, assegurando-se ao devedor a possibilidade de complementação em dinheiro de eventual diferença entre os valores da totalidade da dívida e o valor do bem ou dos bens ofertados em dação.

De tal modo, a legislação superveniente ao CTN alterou indiretamente o conceito de tributo, aceitando-se bens imóveis como forma de quitação. Deve-se reconhecer, no entanto, que o imóvel oferecido em pagamento tem seu valor expresso em moeda, o que, sob esse ponto de vista, não indicaria alteração do texto original.

Nessa linha de raciocínio, não se pode confundir o resultado de uma execução fiscal, mediante penhora ou adjudicação, como fórmula alternativa para recolhimento de tributo por meio de pecúnia. Na execução fiscal, como regulada pela Lei nº 6.830, de 22 de setembro de 1980, pode inclusive a Fazenda Pública adjudicar aos bens penhorados.

Nesse caso, a adjudicação pode se dar antes do leilão, pelo preço da avaliação, na hipótese de a execução não ter sido embargada ou no caso da rejeição dos embargos. A adjudicação também pode ocorrer após o leilão, no caso de não de se ter licitante, hipótese que vincula a adjudicação ao preço da avaliação. Havendo licitantes, há o direito de preferência outorgado à Fazenda Pública, em igualdade de condições com a melhor oferta, respeitando-se o prazo de 30 dias.

Deve-se registrar que multa, desapropriação e confisco são situações jurídicas que não se identificam com o conceito de tributo. O confisco resulta de uma sanção, e o sistema veda a utilização do tributo com efeito de confisco.

Há autorização constitucional para desapropriação por necessidade ou utilidade pública, ou por interesse social, mediante justa e prévia indenização em dinheiro, ressalvados alguns casos excepcionados pela própria Constituição. Como regra, a desapropriação deve ser indenizada com pagamento mediante títulos da dívida pública de emissão previamente aprovada pelo Senado Federal, com prazo de resgate de até dez anos, em parcelas anuais, iguais e sucessivas, assegurados o valor real da indenização e os juros legais.

Além disso, tem-se possibilidade de desapropriação nas hipóteses de proteção do patrimônio cultural brasileiro. Há ainda uma desapropriação confiscatória, que alcança as propriedades rurais e urbanas de qualquer região do país onde forem localizadas culturas ilegais de plantas psicotrópicas ou a exploração de trabalho escravo. As propriedades expropriadas serão destinadas à reforma agrária e a programas de habitação popular, sem qualquer indenização ao proprietário.

Acrescente-se que todo e qualquer bem de valor econômico apreendido em decorrência do tráfico ilícito de entorpecentes e drogas afins e da exploração de trabalho escravo será confiscado e reverterá a fundo especial com destinação específica. Todas essas formas de desapropriação não se qualificam, em nenhum momento, como prestações de ordem tributária.

Há interessante problema que se revela no presente, relativo às moedas virtuais, a exemplo dos *bitcoins*. A legislação do imposto de renda remete os *bitcoins* à declaração no rol de bens e direitos, sob a rubrica *outros bens*, o que sugere que a Administração equipara os *bitcoins* aos ativos financeiros, com declaração que exprima o valor de aquisição. De tal modo, aceitando-se os *bitcoins* como ativos financeiros, se tem a percepção de que essas moedas eletrônicas, em algum momento, poderiam ser objeto para quitação de tributos.

Tem-se uma questão tecnológica. No passado, era comum o recolhimento de tributos por meios atualmente em desuso. O CTN autoriza o pagamento em cheque, em vales-postais, em estampilhas e em papel selado. No caso da estampilha, o CTN considera o crédito extinto com inutilização regular do selo. A par disso, dispôs-se que a perda ou destruição da estampilha, ou o erro no pagamento por essa modalidade, não dão direito a restituição. O tratamento normativo de meios em desuso, em detrimento de regramento outros meios tecnologicamente mais avançados, opondo estampilhas a *bitcoins*, é um dos indicativos da constante mutabilidade do Direito Tributário.

Títulos da dívida pública (ainda que tenham cotação em bolsa, como exige a lei de execuções fiscais) não se prestam para liquidar créditos tributários. Excetuam-se os títulos da dívida agrária (TDAs), que podem ser utilizados na quitação de até 50% do devido a título de Imposto Territorial Rural, nos termos do art. 106 do Estatuto da Terra. TDAs podem ser utilizadas também como caução para garantia de quaisquer contratos, obras e serviços celebrados com a União.

De acordo com a Lei nº 10.179, de 6 de fevereiro de 2001, que dispõe sobre os títulos da dívida pública de responsabilidade do Tesouro Nacional, podem ser utilizadas para pagamentos de tributos as Letras do Tesouro Nacional (LTN), as Letras Financeiras do Tesouro (LFT) e as Notas do Tesouro Nacional (NTN). Bem entendido, não se trata de títulos em forma convencional de papéis que circulam. Esses títulos se processam exclusivamente sob a forma escritural, mediante registro dos respectivos direitos creditórios. Da mesma forma, as cessões desses direitos, em sistema centralizado de liquidação e custódia, por intermédio do qual serão creditados os resgates do principal e os rendimentos.

Tributo não é sanção de ato ilícito. Tributo não é multa, ainda que multas tributárias sejam cobradas com os mesmos ritos e procedimentos com os quais os tributos são cobrados. Na execução fiscal, por exemplo, o valor expresso no título executivo, a certidão de dívida ativa, compõe multas eventualmente devidas. Situações lícitas ensejam a incidência da tributação; multas são cobradas como decorrência de atos ilícitos. Excetua-se, efetivamente, a tributação incidente sobre o acréscimo patrimonial decorrente de atividades ilícitas, quando a imposição se dá sobre o resultado financeiro do infrator, e não sobre a atividade infratora.

É o princípio do *pecunia non olet*, explicado no capítulo anterior, e de ampla aceitação jurisprudencial.[1] Contra esse princípio, invoca-se o princípio *nemo tenetur se detegere*, garantia da não autoincriminação, segundo a qual ninguém pode ser forçado, por qualquer autoridade ou particular a fornecer qualquer tipo de informação ou declaração que o incrimine, direta ou indiretamente.[2]

O acusado de crime contra a ordem tributária alega que omitiu receita dado uma origem ilícita, e que, portanto, não estava obrigado a declará-la. Decidiu o Superior Tribunal de Justiça (STJ) que a necessidade do recolhimento de impostos decorre da realização da renda, não se importando se lícita ou

---

[1] STJ, REsp 1.208.583/ES, relatado pela Min. Laurita Vaz, julgamento em 4.12.2012. STJ, REsp 1.493.162/DF, relatado pelo Ministro Hermann Benjamin, julgamento em 25.11.2014. STJ, HC 83.292/SP, relatado pelo Min. Felix Fischer, julgamento em 28.11.2007.
[2] STJ, REsp 1.208.583/ES, relatado pela Min. Laurita Vaz.

ilícita, não se ensejando, por essa razão, qualquer ingerência no princípio da não autoincriminação.

O princípio do *non olet* é de utilização recorrente na jurisprudência. Em tema de sonegação fiscal de lucro advindo de atividade criminosa, o Supremo Tribunal Federal-STF decidiu que o tráfico de drogas, envolvendo sociedades comerciais organizadas, com lucros vultosos subtraídos à contabilização regular das empresas e subtraídos à declaração de rendimentos é circunstância que caracteriza, em tese, de crime de sonegação fiscal. Desloca-se a competência para a Justiça Federal, atraindo, por conexão, demais crimes, a exemplo do tráfico de drogas.

Nesse caso, enfatizou-se a irrelevância da origem ilícita, mesmo quando criminal, da renda subtraída à tributação. De tal modo, a exoneração tributária dos resultados econômicos de fato criminoso – antes de ser corolário do princípio da moralidade – constitui violação do princípio de isonomia fiscal, de manifesta inspiração ética, nas exatas palavras do decidido pelo STF.[3]

Tributo deve ser estabelecido por lei. A Constituição não institui tributos. A Constituição autoriza que entes federados o façam. Exemplo emblemático é o imposto sobre as grandes fortunas, que a União pode instituir, mas que nunca o fez. Atende-se ao princípio da legalidade, no sentido de que ninguém será obrigado a fazer ou deixar de fazer alguma coisa senão em virtude de lei.

É à lei tributária a quem cabe definir o fato gerador, o sujeito passivo, a base de cálculo e as alíquotas aplicáveis a um determinado tributo. A Constituição reserva algumas

---

[3] HC 77.530, Rel. Min. Sepúlveda Pertence, j. 25.8.1998, 1ª Turma, *DJ* 18.9.1998.

matérias tributárias para lei complementar. Exemplifica-se com disposições sobre conflitos de competência, entre a União, os Estados, o Distrito Federal e os Municípios, com a regulação de limitações constitucionais ao poder de tributar; bem como com o estabelecimento de normas gerais em matéria de legislação tributária em relação a alguns aspectos de um tributo, identificados na Constituição, como será visto mais à frente.

O tema da competência é central em Direito Tributário. Trata-se de poder para instituição de tributos que a Constituição atribui aos entes federativos. Há várias classificações referentes à competência tributária. A competência pode ser exclusiva, a exemplo da prerrogativa que a União detém para criar empréstimos compulsórios.

A competência pode ser cumulativa, a exemplo da legislação tributária, que é da União, do Distrito Federal, dos Estados e dos Municípios. A competência pode ser comum; e nesse caso se exemplifica a instituição de taxas, que podem ser instituídas por todos os entes da Federação, de acordo com as respectivas atividades. Tem-se também uma competência residual, relativa à prerrogativa da União de instituir novos impostos, a par dos já identificados no texto constitucional.

O STF já decidiu pela inconstitucionalidade de norma relativa à cobrança de taxa de serviços administrativos da Superintendência da Zona Franca de Manaus (Suframa), justamente porque não se definiu de forma específica o fato gerador da exação.[4]

Já se decidiu também pela inconstitucionalidade de majoração de IPTU, sem edição de lei em sentido formal, proibindo-se que ato do Executivo que atualizasse os valores devidos,

---
4. STF, ARE 957.650/RG, relatado pelo Min. Teori Zavascki, julgamento em 5.5.2016.

em percentual superior aos índices oficiais.[5] Porém, não viola a legalidade tributária a lei que, prescrevendo o teto, possibilita ao ato normativo infralegal fixar o valor de uma taxa em proporção razoável com os custos da atuação estatal.[6]

A instituição, o lançamento e a cobrança de tributos são autorizados pela Constituição. Lei complementar trata de seus aspectos centrais, a exemplo de obrigação, lançamento, crédito, prescrição e decadência. Leis ordinárias instituem efetivamente aos variados tributos. Exemplifica-se novamente com o Imposto sobre Grandes Fortunas (IGF). Há necessidade de lei complementar fixando o fato gerador, a base de cálculo e o contribuinte desse imposto. Em seguida, uma lei ordinária o instituiria, o que poderia também ser feito por lei complementar. Nesse caso, o poder de fazer o mais significa o poder de fazer o menos.

Medidas Provisórias também podem tratar de matéria tributária. O STF já definiu pela legitimidade de instituição de tributos por medida provisória com força de lei.[7] A Emenda Constitucional nº 32/2001, alterou substancialmente o regime de medidas provisórias. Não se pode confeccionar medidas provisórias sobre matérias reservadas à lei complementar, o que excluiu de seu alcance vários temas do Direito Tributário. Dispôs-se expressamente que medida provisória que implique instituição ou majoração de impostos só produzirá efeitos no exercício financeiro seguinte se houver sido convertida em lei até o último dia daquele em que foi editada.

[5.] STF, RE 648.245, relatado pelo Min. Gilmar Mendes, julgamento em 1º.8.2013.
[6.] STF, RE 838.284, voto do Min. Dias Toffoli, julgamento em 19.10.2016.
[7.] STF, ADI nº 1.417/MC, relatada pela Min. Octavio Gallotti, julgamento em 7.3.1996, STF, RE 479.134, AgR, relatado pelo Min. Sepúlveda Pertence, julgamento em 26.6.2007.

Excluem-se da regra os impostos de importação, de exportação, sobre produtos industrializados, sobre operações financeiras, bem como os impostos extraordinários em caso de guerra externa ou sua iminência. Medidas provisórias tem como pressuposto relevância e urgência.

Tem-se uma contradição, haja vista que medida provisória deve atentar para a aplicação do princípio da anterioridade, isto é, a necessidade de se aguardar exercício seguinte para plena vigência e eficácia da medida, depois de transformada em lei. Se há urgência, não se pode aguardar o transcurso do ano.

Tributos são cobrados mediante atividade administrativa plenamente vinculada. Trata-se do ato administrativo de lançamento, que formaliza o crédito tributário. O lançamento não é definitivo, isto é, não pode ser executado de ofício. Ao contribuinte se abre prazo para contestação em esfera administrativa. Pode-se ainda contestá-lo em juízo por força do livre acesso ao Judiciário. À autoridade administrativa não se reserva discricionariedade. A autoridade administrativa não pode tratar do assunto à luz de juízos de conveniência e de oportunidade.

O agente administrativo deve proceder ao lançamento, ao tomar conhecimento de que há matéria tributável. Não o fazendo, comete o crime de prevaricação (art. 319 do Código Penal), na medida em que teria retardado ou deixado de praticar, indevidamente, ato de ofício, ou praticá-lo contra disposição expressa de lei, para satisfazer interesse ou sentimento pessoal.

Há crime quando o agente administrativo inserir dados falsos em sistema de informações (art. 313-A do Código Penal), com intenção evitar o lançamento tributário. De igual modo, quando modifica ou altera o sistema de informações, sem autorização fundamentada da autoridade superior (art. 313-B do

Código Penal). Há também crime contra a administração pública quando o agente extravie, sonegue ou inutilize livro ou documento (art. 314 do Código Penal), também com o objetivo de evitar ou alterar o lançamento tributário devido.

Além disso, dispõe o CTN (art. 4°) que a natureza jurídica específica do tributo é determinada pelo fato gerador da obrigação. São irrelevantes para qualificar a natureza jurídica de um tributo sua denominação e demais características formais adotadas por lei, bem como a destinação legal do produto de sua arrecadação. O CTN não adotou o nominalismo. Optou pelo essencialismo, na medida em que não é o nome do tributo quem lhe fixa a natureza jurídica.

De um ponto de vista mais prático, pode-se afirmar que é a Constituição que determina a natureza jurídica de um tributo ao estabelecer sua regra-matriz. A descrição legal (fato gerador) e o referencial tributável (base de cálculo) são os elementos centrais na definição da natureza jurídica de um dado tributo.

Pode-se indicar alguns exemplos de denominação equivocada, inclusive na própria Constituição. Por exemplo, o salário-educação, previsto no art. 212, § 5°, consiste verdadeiramente em uma contribuição social.

A regra do art. 4° do CTN não se aplica, por exemplo, no caso dos empréstimos compulsórios, de competência da União, e que podem ser instituídos por lei complementar. Suas hipóteses de criação são o atendimento de despesas extraordinárias, decorrentes de calamidade pública, de guerra externa ou sua iminência, ou ainda no caso de investimento público de caráter urgente e de relevante interesse nacional. Nesses casos (art. 148, parágrafo único, da Constituição), a aplicação dos recursos provenientes de empréstimo compulsório será vinculada à despesa que fundamentou sua instituição.

3

O Estatuto do Contribuinte (princípios constitucionais tributários)

3.1 As limitações do poder de tributar

Com o título *As Limitações do Poder de Tributar*, a Constituição de 1988 reúne disposições que regulamentam direitos do contribuinte. Essas disposições explícitas, acrescidas de outras implícitas no sistema constitucional vigente, compõem o **Estatuto do Contribuinte**. As disposições explícitas se encontram nos arts. 150 a 152 da Constituição Federal. Tem-se um conjunto geral de vedações no art. 150, um conjunto de proibições dirigidas à União no art. 151 e uma interdição específica aos Estados, Distrito Federal e Municípios, relativa às diferenças tributárias entre bens e serviços no art. 152.

Há nesse conjunto de disposições constitucionais uma fundamentação que radica nos direitos fundamentais. A Constituição se orienta para a plena realização da dignidade da pessoa humana. Aos direitos fundamentais se reserva um conjunto de referências com altíssima eficácia normativa, com projeções em todos os campos do Direito, especialmente no Direito Tributário. Nesse caso, deve-se observar que há necessidades do Estado, no sentido de alcançar recursos para financiar o efetivo gozo dos direitos fundamentais e, ao mesmo tempo, os direitos fundamentais dos contribuintes, entre eles, o direito de propriedade (art. 5º, *caput*, da Constituição).

O **Estatuto do Contribuinte** se associa à dogmática dos direitos fundamentais. Nesse sentido, seu conjunto de disposições identifica cláusulas pétreas dos direitos dos contribuintes, alcançando os princípios constitucionais tributários propriamente ditos, as imunidades tributárias gerais e as regras federativas.

No contexto das limitações constitucionais do poder de tributar, o legislador construiu conjunto conceitual que envolve os princípios da legalidade, da igualdade, da capacidade contributiva, da anterioridade, da irretroatividade, da proibição da limitação do tráfego de pessoas. Transita-se também no campo das imunidades, a exemplo da imunidade recíproca, da imunidade dos templos de qualquer culto, da imunidade dos livros, jornais e periódicos, da imunidade dos partidos políticos, das entidades sindicais dos trabalhadores, das instituições de educação e de assistência social, das taxas relativas a certidões para defesa de direitos, dos imóveis desapropriados para fins de reforma agrária, entre outras.

O destinatário das limitações constitucionais ao poder de tributar, do ponto de vista operacional, em princípio, é o próprio legislador. O comando constitucional vincula o legislador no sentido de que há proibição de confecção de normas que contrariem o disposto na Constituição.

De igual modo, o Poder Judiciário também opera com essas categorias, na medida em que normas tributárias sejam produzidas em desacordo com o **Estatuto do Contribuinte**. Cabe ao Judiciário, no controle de constitucionalidade (difuso ou concentrado), corrigir excessos do Legislativo (normas em sentido estrito) ou do Executivo (medidas provisórias ou mesmo normas de interpretação).

De acordo com a jurisprudência do STF, as limitações constitucionais ao poder de tributar se qualificam por um conjunto de princípios e regras que disciplinam a definição e o exercício da competência tributária, tratando também da aplicação das imunidades.[1]

As imunidades tributárias se revelam como normas negativas de competência, vedando imposições fiscais nas situações que a Constituição elenca. Ao mesmo tempo, são garantias do contribuinte. Há também, como se verá, esforço para proteção da forma federativa de organização do Estado brasileiro.

Disposições de proteção ao contribuinte já havia no texto constitucional de 1946, especialmente como contido no § 34 do art. 141 daquela Constituição, que fixava que nenhum tributo seria exigido ou aumentado sem que lei o estabelecesse.

Acrescentava-se que nenhum tributo seria cobrado em cada exercício sem prévia autorização orçamentária, ressalvadas as tarifas aduaneiras e os impostos lançados por motivo de guerra. Disposições análogas às atualmente vigentes também estavam expressas na Constituição de 1967, contidas nos arts. 20 e 21.

A construção de um conjunto sólido de disposições referentes à proteção do contribuinte, por intermédio da fixação

---

[1] RE 636.941, Rel. Min. Luiz Fux, j. 13.2.2014, *DJe* 4.4.2014.

de princípios incontornáveis, foi assunto de estudo clássico de Aliomar Baleeiro, publicado originalmente em 1951.

Em livro inovador, Baleeiro (1995) tratou dos princípios das Ciência das Finanças no contexto de limitações constitucionais ao amplo exercício de tributar, por parte do Estado. Elencou os princípios constitucionais, aplicáveis à tributação, identificando sua índole política. A preservação de direitos que o contribuinte pode opor ao poder tributante é indissociável das instituições representativas modernas.

Na dinâmica das discussões judiciais relativas aos direitos e garantias dos contribuintes, o conjunto de princípios aplicáveis exerce papel preponderante na construção do Direito Tributário brasileiro. Como se observará, sobressai o princípio da legalidade, central nas democracias representativas contemporâneas.

3.2 O princípio da justiça

Em âmbito de proteção ao contribuinte há um conjunto de princípios gerais, coletados ao longo do texto constitucional vigente. São princípios cuja aplicação não é exclusiva do Direito Tributário. São fundamentos em razão dos quais se alicerça todo um sistema normativo, que dividem princípios comuns, destacando-se o valor transcendente da justiça.

Na tradição aristotélica, diferencia-se a justiça comutativa da justiça distributiva. Aquela primeira, comutativa, corresponde às relações entre as pessoas e as instituições, no contexto da qual há um cometimento obrigacional. Nesta última, distributiva, atenta-se para o que o Estado deve proporcionalmente aos cidadãos.

Ambas se aplicam ao Direito Tributário, justificando o poder estatal de tributar, o dever fundamental de recolher tributos e o direito também fundamental de se usufruir o resultado da repartição de recursos, especialmente em forma de políticas públicas e de serviços estatais específicos.

Neste último caso, constata-se também a denominada justiça social, identificada com a distribuição coletiva de recursos. O Direito Tributário é um campo normativo substancialmente obrigacional, nos exatos limites da Constituição e das leis, determinantes do mencionado dever fundamental de recolhimento de tributos.

Deve-se tomar cautela para com uma recorrente tendência de se simplificar o alcance e o conteúdo de um princípio, especialmente quanto não se consegue afastar dos lugares-comuns que se propõem para identificar semelhanças e dissemelhanças entre princípios e regras. Em Direito Tributário a utilização desordenada de princípios e regras pode afetar negativamente a segurança jurídica.

Do ponto de vista prático, por outro lado, como solução para os vários problemas que a experiência tributária forense nos coloca, colisão de regras são resolvidas por mecanismos de subsunção, enquanto dissenso entre princípios seriam enfrentados por fórmulas de ponderação. À positividade da regra jurídica, cujo juízo de aferição é sua vigência e sua eficácia, acrescenta-se o sentido axiológico (valorativo) que se agrega aos princípios.

3.3 O interesse público

O interesse público é também princípio informador central na dogmática do Direito Tributário. Trata-se de uma tradição que remonta à Constituição Imperial de 1824, que dispunha em seu art. 179, II, que nenhuma lei poderia ser estabelecida sem utilidade pública.

O dogma da supremacia do interesse público foi construído pelo Direito brasileiro como base em percepção de Estado como detentor de vontade, que é concebida como uma vontade geral. Esta última ideia remonta a Rousseau, para quem a vontade geral seria invariavelmente reta e tenderia sempre à utilidade pública. A vontade geral e o consequente interesse público lá identificado seriam os fundamentos da lei justa e eficaz. O vínculo entre vontade geral e legalidade, que dá suporte à concepção clássica de interesse público, foi formulado como reação ao Estado Absoluto.

A ideia de legalidade seria instrumento diretamente lançado contra a estrutura política do Estado absoluto: frente ao poder pessoal e arbitrário, o ideal de um governo em virtude da lei. É o interesse público que justifica, entre outros, a indisponibilidade do crédito tributário, e seus efeitos práticos em relação às hipóteses de transação, de isenção e de remissão.

3.4 As fontes do Direito Tributário

Mais especificamente em matéria tributária, dispõe o art. 150, I, da Constituição, que ao poder público (União, Estados, Distrito Federal e Municípios) é vedado exigir ou aumentar tributo sem lei que o estabeleça. Remete-se intuitivamente ao processo legislativo descrito no art. 59 do mesmo texto constitucional, que é composto de emendas à Constituição, leis complementares, leis ordinárias, leis delegadas, medidas provisórias, decretos legislativos e resoluções.

Transita-se no campo da identificação das fontes do Direito Tributário, com especial relevo ao papel da lei. Do ponto de vista material, as fontes do Direito Tributário são constituídas por situações jurídicas e econômicas que ensejam a constatação de obrigações tributárias. Do ponto de vista formal, as fontes formais se identificam com o Direito positivo vigente. As fontes formais primárias se encontram nas leis em sentido amplo, o que sugere o elenco do art. 59 da Constituição.

No modelo do CTN, art. 96, a expressão **legislação tributária** compreende as leis, os tratados e as convenções internacionais, os decretos e as normas complementares que versem, no todo ou em parte, sobre tributos e relações jurídicas a eles pertinentes. No contexto das fontes formais de ordem primária, a tradição do CTN também contempla o modelo da tipicidade fechada, contida no art. 97.

De acordo com essa tradição, também contemplada pela ordem constitucional, como se observará, somente a lei pode estabelecer a instituição de tributos, ou a sua extinção; a majoração de tributos, ou sua redução, com algumas ressalvas, definições de fatos geradores de obrigações tributárias principais, a fixação de alíquotas de tributos e de suas bases de cálculo, com algumas exceções, cominação de penalidades para as ações ou omissões contrárias a seus dispositivos, ou para outras infrações nela definidas; hipóteses de exclusão, suspensão e extinção de créditos tributários, ou de dispensa ou redução de penalidades.

Há também fontes formais de feição secundária, a exemplo dos atos administrativos com força normativa. Nesse caso, há decretos regulamentadores, instruções normativas e portarias. Os costumes administrativos e os convênios celebrados entre os entes tributantes também se identificam nesse grupo. Por fim, há também as fontes denominadas indiretas, a exemplo de livros, artigos e opiniões doutrinárias, bem como a jurisprudência.

Com o Código de Processo Civil de 2015, a jurisprudência ganhou mais proeminência como fonte do Direito. O precedente, e sua doutrina, é instituto que pretendemos adaptar do Direito norte-americano. Por exemplo, na nova sistemática processual, não se considera fundamentada qualquer decisão judicial, seja ela interlocutória, sentença ou acórdão, que se limitar a invocar precedente ou enunciado de súmula, sem identificar seus fundamentos determinantes, nem demonstrar que o caso sob julgamento se ajusta àqueles fundamentos.

Essa disposição sugere nova abordagem do precedente, com forte impacto em matéria tributária. Também não se considera fundamentada decisão judicial que tenha deixado de seguir enunciado de súmula, jurisprudência ou precedente invocado pela parte, sem demonstrar a existência de distinção no caso em julgamento ou a superação do entendimento.

3.5 O princípio da legalidade

A Constituição dispõe explicitamente sobre o princípio da legalidade, que radica, em suas linhas gerais, no art. 5º, II, que dispõe que ninguém será obrigado a fazer ou a deixar de fazer alguma coisa senão em virtude de lei. Trata-se de uma orientação que remonta à Constituição Imperial de 1824, que dispunha no art. 179, I, que nenhum cidadão poderia ser obrigado a fazer, ou a deixar de fazer alguma coisa, senão em virtude de lei. A reserva legal é de nossa tradição constitucional.

De acordo com emblemática decisão do Supremo Tribunal Federal,[2] a aplicação do princípio constitucional da reserva legal significa uma severa limitação ao exercício das ati-

---

[2] ADI nº 2.075/MC, Rel. Min. Celso de Mello, j. 7.2.2001, *DJ* 27.6.2003.

vidades administrativas e jurisdicionais do Estado. De acordo com esse julgado, a reserva de lei é um postulado que significa uma função excludente. É um postulado negativo. Tem por objeto vedar, nas matérias a ele sujeitas, indevidas intervenções normativas, de órgãos do poder público que não detêm função legislativa.

No entendimento do STF, trata-se de cláusula constitucional que projeta dimensão positiva; sua incidência reforçaria princípio com base na autoridade da Constituição, o que impõe à administração e à jurisdição a necessária submissão aos comandos estatais emanados, exclusivamente, do legislador.

É ponto central na doutrina da separação dos poderes. Essa premissa é o ponto de partida conceitual para a correta aplicação do princípio da reserva legal, inclusive em sua dimensão tributária. À reserva de lei se vincula a atividade estatal, jurisdicional e administrativa.

A criação e a extinção de tributos dependem exclusivamente de lei, nos termos do CTN, art. 97. Há disposição constitucional, art. 150, § 6º, que exige lei ordinária para concessão de benefícios fiscais. É o caso da outorga de subsídios, da concessão de isenções, da redução de base de cálculo, da concessão de créditos presumidos, da anistia e da remissão. Nesses casos, dependendo-se do tributo, exige-se lei específica, quanto à esfera de competência. Nesse sentido, a lei pode ser federal, distrital, estadual ou municipal.

O texto constitucional veda a isenção heterônomica. Isto é, nos termos do art. 151 da Constituição é vedado à União instituir isenções de tributos da competência dos Estados, do Distrito Federal ou dos Municípios. Essa proibição, simetricamente, é estendida aos demais entes federados entre si.

A Constituição também dispõe sobre algumas exceções ao princípio da legalidade. Trata-se da possibilidade de alterações de alíquotas de alguns impostos, por intermédio de ato do Poder Executivo. Nesse caso, a dispensa alcança impostos regulatórios, nos quais a arrecadação é menos importante do que o controle da atividade, por parte do Estado.

Essa exceção, no plano federal, aplica-se à majoração de alíquotas do Imposto sobre Produtos Industrializados (IPI), do Imposto sobre Operações Financeiras (IOF), do Imposto de Importação (II) e do Imposto de Exportação (IE). De igual modo, há previsão de majoração de alíquotas, pelo Poder Executivo, em relação à Contribuição de Intervenção no Domínio Econômico (CIDE-combustíveis). No âmbito estadual, no Imposto de Circulação de Mercadorias e Serviços (ICMS), incidente sobre combustíveis e lubrificantes.

A expressão **ato do Poder Executivo** deve ser entendida nos vários casos, com base na experiência normativa e administrativa. O II e o IE podem ter suas alíquotas majoradas por meio de Portaria do Ministro da Economia. O IPI e o IOF podem ter suas alíquotas majoradas por Decreto do Presidente da República, bem como a CIDE-combustíveis. No caso do ICMS sobre combustíveis e lubrificantes, o ato do Poder Executivo consiste na deliberação dos entes federativos, que ocorre no Conselho Nacional de Política Fazendária (CONFAZ).

Em alguns casos de cobrança de taxas, o STF entende que ato normativo infralegal pode fixar alíquotas, nas hipóteses nas quais a lei prescreva o teto da exação, isto é, suas alíquotas máximas. Nessas hipóteses, a majoração por ato infralegal é tolerada, desde que fixada em bases razoáveis.[3]

---

[3] RE 838.284, voto do Rel. Min. Dias Toffoli, j. 19.10.2016, DJe 22.9.2017; RE 704.292, Rel. Min. Dias Toffoli, j. 19.10.2016, DJe 3.8.2017.

O dogma da legalidade alcança todas as espécies tributárias. O STF decidiu, por exemplo, que a instituição dos emolumentos cartorários por Tribunal de Justiça afronta o princípio da reserva legal. Somente a lei pode criar, majorar ou reduzir os valores das taxas judiciárias.[4]

A legalidade é central na construção do Direito Tributário brasileiro. O STF julgou inconstitucional a instituição de nova contribuição compulsória, por meio de acordo ou convenção coletiva, a empregados não filiados ao sindicato beneficiário da exação.[5]

O STF também decidiu que é inconstitucional, por ofensa ao princípio da legalidade tributária, lei que delega aos conselhos de fiscalização de profissões regulamentadas a competência de fixar ou majorar, sem parâmetro legal, o valor das contribuições de interesse das categorias profissionais e econômicas, usualmente cobradas sob o título de anuidades. Proibiu-se, ainda, a atualização desse valor pelos conselhos em percentual superior aos índices legalmente previstos.[6]

Não basta lei em sentido formal. O princípio da legalidade estrita ou de tipicidade cerrada exige que a norma criadora da exação defina todos os seus parâmetros e características. Como já observado, o STF votou pela inconstitucionalidade de lei federal que instituiu uma taxa de serviços administrativos junto à Zona Franca de Manaus, por não se definir especificamente o fato gerador da obrigação.[7]

[4.] ADI nº 1.709, Rel. Min. Maurício Corrêa, j. 10.2.2000, DJ 31.3.2000.
[5.] ARE 1.018.459/RG, voto do Rel. Min. Gilmar Mendes, j. 23.2.2017, DJe 10.3.2017.
[6.] RE 704.292, voto do Rel. Min. Dias Toffoli, j. 19.10.2016, DJe 3.8.2017; RE 838.284, Rel. Min. Dias Toffoli, j. 19.10.2016, DJe 22.9.2017.
[7.] RE 957.650/RG, Rel. Min. Teori Zavascki, j. 5.5.2016, DJe 16.5.2016.

A criação de novas formas de recolhimento de tributo, na hipótese de que se partiu de estimativa que levava em conta o mês anterior, deve ocorrer por intermédio de lei em sentido formal e material. O STF não admite decretos nessa hipótese, o que, no entender do Tribunal, poderia revelar o extravasamento do poder de regulamentação do Poder Executivo.[8] De igual modo, nessa mesma linha, decidiu-se pela inconstitucionalidade da majoração do IPTU sem edição de lei, vedada a atualização, por ato do Executivo, em percentual superior aos índices oficiais.[9]

A regra da legalidade é muito ampla. A jurisprudência entende que a fixação da base de incidência da contribuição social alusiva ao frete se submete ao princípio da legalidade. Por isso, a Constituição rejeitaria a majoração, por portaria, da base de incidência da contribuição social relativa ao frete.[10]

3.6 A lei complementar

Há um campo normativo reservado à lei complementar em matéria de Direito Tributário. Trata-se do regime jurídico constitucional das normas gerais de Direito Financeiro e de Direito Tributário, bem como os aspectos que informam o lançamento tributário.

Nos termos do art. 146 da Constituição de 1988, é matéria exclusiva de lei complementar o regime de conflitos de competência, entre a União, os Estados, o Distrito Federal e os Municípios; as disposições sobre as limitações constitucionais ao poder de tributar; as normas gerais em matéria de legislação

---

[8.] RE 632.265, Rel. Min. Marco Aurélio, j. 18.6.2015, *DJe* 5.10.2015.
[9.] RE 648.245, Rel. Min. Gilmar Mendes, j. 1º.8.2013, *DJe* 24.2.2014.
[10.] RMS 25.476, Rel. p/ o Ac. Min. Marco Aurélio, j. 22.5.2013, *DJe* 26.5.2014.

tributária, especialmente sobre a definição de tributos e de suas espécies, bem como, em relação aos impostos discriminados na Constituição, a dos respectivos fatos geradores, bases de cálculo e contribuintes; obrigação, lançamento, crédito, prescrição e decadência tributários; a par do adequado tratamento tributário ao ato cooperativo praticado pelas sociedades cooperativas.

Boa parte das exigências explicitadas no art. 146 é atendida pelo CTN, que é lei complementar, ainda que por recepção. No tempo da aprovação do CTN não havia disposição constitucional relativa à lei complementar. Essa forma surge com a Constituição de 1967. O CTN, originariamente lei ordinária, foi recepcionado como lei complementar pela Constituição de 1967.

Assim, as alterações do CTN devem ser feitas por lei complementar. Caso contrário, essas alterações são írritas e nulas. Menciona-se, exemplificativamente, a Lei Complementar nº 104, de 10 de janeiro de 2001, que acrescentou dois novos incisos ao art. 151 do CTN, relativos a outras duas hipóteses de suspensão de exigibilidade do crédito tributário, que se aplicam no regime de emissão de certidões positivas com efeito de negativa.

Fora do espectro do CTN há lei complementar regulamentando o Imposto sobre Serviços (ISS), no contexto da Lei Complementar nº 116, de 31 de julho de 2003, bem como sobre o Imposto de Circulação de Mercadorias e Serviços (ICMS), de 2006, conhecida como Lei Kandir. Não há lei complementar regulamentando o Imposto sobre a Propriedade de Veículos Automotores (IPVA), não obstante propostas em andamento, que circulam no Congresso Nacional. Como se verá mais adiante, a ausência de lei complementar em tema de IPVA suscita várias discussões, a exemplo da incidência do IPVA sobre embarcações e aeronaves, que o STF não autoriza.

Deve-se realçar que o texto constitucional remete à lei complementar a instituição de empréstimos compulsórios, por parte da União (art. 148). Também é matéria de lei complementar a instituição dos Impostos sobre Grandes Fortunas (IGF) (art. 153, VII). Além disso dependem de lei complementar os impostos residuais, de competência exclusiva da União, nas circunstâncias indicadas na Constituição, isto é, a não cumulatividade e a inexistência de fato gerador ou base de cálculo próprios dos impostos discriminados no texto constitucional.

Originalmente, entendia-se que a lei complementar era hierarquicamente superior à lei ordinária, sem se levar em conta as especificidades das matérias. Uma lei complementar que disponha sobre alíquotas, por exemplo, e, em princípio, pode ser alterada por lei ordinária, levando-se em conta que a determinação da expressão exata de uma alíquota não é matéria reservada à lei complementar.

Esse entendimento foi sufragado pelo Supremo Tribunal Federal ao ensejo do julgamento da Ação Declaratória de Constitucionalidade nº 1, em decisão de 1º de dezembro de 1993, de acordo com o voto do então Ministro Moreira Alves. Entendeu-se que somente se pode exigir lei complementar para matérias cuja disciplina a Constituição expressamente faça tal exigência.

No entendimento de Moreira Alves, se a matéria fosse, por qualquer razão, disciplinada por lei cujo processo legislativo observado fora o de lei complementar, ainda que não se tenha exigência constitucional, tem-se que os dispositivos de que tratam essa lei são entendidos como dispositivos de lei ordinária, podendo, consequentemente, ser alterados por lei ordinária e não, necessariamente, por lei complementar.

Essa modalidade normativa – lei complementar –, especialmente no caso do ICMS, atende a repulsa constitucional à guerra tributária entre os Estados-membros. Entendeu o STF que o legislador constituinte republicano, com o propósito de impedir a guerra fiscal, enunciou postulados e prescreveu diretrizes gerais de caráter subordinados a compor o estatuto constitucional do ICMS.

Nesse mesmo julgado, observou-se justificável a edição de lei complementar nacional vocacionada a regular o modo e a forma como os Estados-membros e o Distrito Federal, sempre após deliberação conjunta, poderiam, por ato próprio, conceder e/ou revogar isenções, incentivos e benefícios fiscais.[11]

Também por expressa disposição constitucional, a lei complementar é o instrumento normativo exigido para a regulamentação das limitações constitucionais do poder de tributar. Na recente jurisprudência do STF, percebe-se alguma flexibilização do comando constitucional de lei complementar para a regulamentação de algumas matérias em âmbito de Direito Tributário. É o caso de julgado que fixou entendimento de que aspectos procedimentais relativos à imunidade poderiam ser tratados por lei ordinária.

Entende o STF que, no que se refere aos impostos, o maior rigor do quórum qualificado para a aprovação de matérias de importância se justificaria para se dar maior estabilidade à disciplina do assunto, dificultando-se sua alteração sem maiores e mais profundas discussões. A lei complementar em matéria tributária se presta a estabelecer regras nacionalmente

---

[11.] ADI nº 1.247/MC, Rel. Min. Celso de Mello, j. 17.8.1995, *DJ* 8.9.1995.

uniformes e rígidas. É mecanismo para se obter segurança jurídica e certeza do direito.

Porém, de acordo com o STF,

> a necessidade de lei complementar para disciplinar as limitações ao poder de tributar não impede que o constituinte selecione matérias passíveis de alteração de forma menos rígida, permitindo uma adaptação mais fácil do sistema às modificações fáticas e contextuais, com o propósito de velar melhor pelas finalidades constitucionais.[12]

A jurisprudência do STF tem prestigiado normas que restringem a fruição de favores fiscais e, nesse sentido, há uma deferência histórica para com a lei complementar.

Por outro lado, como já decidido, deve-se reconhecer um espaço de atuação para o legislador ordinário em várias matérias de índole fiscal. Nesse sentido, flexibilizando necessidade absoluta de lei complementar para algumas matérias, o STF deliberou que aspectos procedimentais necessários à verificação do atendimento das finalidades constitucionais da regra de imunidade, a exemplo de certificação, fiscalização e o controle administrativo, são passíveis de definição por lei ordinária.

Conflito entre lei complementar e lei ordinária, que ilustra os postulados constitucionais que informam a matéria, pode ser elucidado a partir de debate travado em torno da regulamentação do § 7º do art. 195 da Constituição Federal. Dispõe mencionado excerto da Constituição que são isentas de contribuição para a seguridade social as entidades beneficentes de assistência social que atendam às exigências estabelecidas em lei.

---

[12] ADI nº 1.802, Rel. Min. Dias Toffoli, j. 12.4.2018, *DJe* 3.5.2018.

Ainda que disposto na Constituição sob a expressão "**isentas**", entende-se que se trata de hipótese de "**imunidade**". Nesse sentido, matéria referente a imunidade é aspecto das limitações constitucionais ao poder de tributar, o que, nos termos da Constituição, art. 146, II, é assunto de competência de lei complementar.

O art. 14 do CTN, que tem *status* de lei complementar, regulamenta a matéria. Exige-se para fruição de imunidade constitucional, nos termos do CTN, entre outros, que os interessados não distribuam qualquer parcela de seu patrimônio ou de suas rendas, a qualquer título. Devem aplicar integralmente no país seus recursos na manutenção dos seus objetivos institucionais. Ainda, deve-se manter escrituração de receitas e despesas em livros revestidos de formalidades capazes de assegurar sua exatidão.

No entanto, o art. 55 da Lei nº 8.212, de 24 de julho de 1991, inovou na matéria, ampliando o leque de exigências, em relação à lei complementar. Exigiu-se que o interessado comprovasse reconhecimento como de utilidade pública, que portasse um certificado de registro de entidade de fins filantrópicos, que promovesse assistência social beneficente, inclusive educacional ou de saúde, a menores, idosos, excepcionais ou pessoas carentes, além das exigências do art. 14 do CTN.

Verifica-se, desse modo, que lei ordinária pretendia regulamentar o § 7º do art. 195 da Constituição. Em favor dessa pretensão o fato de que o texto constitucional não remete sua regulamentação à lei complementar. Remete, tão somente, à lei, o que, de acordo com a técnica constitucional vigente, significa, pura e simplesmente, lei ordinária. Porém, justamente porque a matéria que trata se refere a uma hipótese de não incidência tributária constitucionalmente qualificada (imunidade) é que o STF julgou que seria necessário, no caso, lei complementar, exatamente como disposto no art. 14 do CTN.

De acordo com o STF o art. 55 da Lei nº 8.212/1991, fixou requisitos para o exercício da imunidade tributária, assunto disposto no § 7º do art. 195 da Constituição. Segundo o STF, o art. 55 da Lei nº 8.212/1991, elencou condições prévias para o exercício do direito à imunidade.

De tal maneira, reconheceu-se a inconstitucionalidade formal do art. 55 da Lei nº 8.212/1991, no que extrapolasse o definido no art. 14 do CTN. Constatou-se evidente violação ao art. 146, II, da Constituição Federal. De acordo com a decisão do STF, os requisitos legais exigidos na parte final do § 7º do art. 195, enquanto não editada nova lei complementar sobre a matéria, seriam somente aqueles dispostos no art. 14 do CTN.[13] O reconhecimento dessa desconformidade normativa resultou na revogação do comando, no contexto da Lei nº 12.101/2009.

Deve-se observar também que, na hipótese de conflito entre legislação local e lei complementar em matéria tributária, a situação se resolve com a definição constitucional, referente ao estabelecimento de campos materiais para o rito de processo legislativo adequado, ainda que nem toda contraposição entre lei ordinária e lei complementar tenha assento na Constituição. Segundo o STF, a questão apenas é de alçada constitucional, se resolvida, direta ou indiretamente, no contexto da existência ou da inexistência de reserva de lei complementar para instituir o tributo ou normas gerais em matéria tributária.[14]

---

13. RE 566.622, voto do Rel. Min. Marco Aurélio, j. 23.2.2017, DJe 1º.3.2017.
14. RE 228.339 AgR, Rel. Min. Joaquim Barbosa, j. 20.4.2010, 2ª Turma, DJe 28.5.2010.

Nos termos do art. 146, III, da Constituição, deve ser objeto de lei complementar o estabelecimento de normas gerais em matéria de legislação tributária. A disposição alcança a definição de tributos e de suas espécies, bem como, em relação aos impostos discriminados na Constituição, a dos respectivos fatos geradores, bases de cálculo e contribuintes.

À lei complementar compete também tratar de obrigação, lançamento, crédito, prescrição e decadência tributários. De igual modo, o adequado tratamento tributário ao ato cooperativo praticado pelas sociedades cooperativas, a par da definição de tratamento diferenciado e favorecido para as microempresas e para as empresas de pequeno porte.

Quanto à regulamentação do ato cooperativo, por lei complementar, o STF havia decidido que essa disposição não resulta em salvo-conduto para as sociedades cooperativas. Essas se opuseram à tributação da Contribuição Provisória sobre Movimentações Financeiras (CPMF), alegando que tratamento diferenciado deveria ser veiculado por lei complementar. Fixou-se entendimento no sentido de que o fato de a Constituição determinar que seja estabelecido adequado tratamento tributário ao ato cooperativo não vedaria a incidência de CPMF sobre as movimentações financeiras efetuadas pelas sociedades cooperativas.[15]

No que se refere as microempresas e as empresas de pequeno porte, o STF entendeu que o fomento a essas entidades foi elevado à condição de princípio constitucional. Deve orientar os entes federados a conferir tratamento favorecido aos empreendedores que contam com menos recursos para fazer frente à concorrência. Nessa linha, o STF decidiu que a

---

[15.] RE 599.362, Rel. Min. Dias Toffoli, j. 6.11.2014, *DJe* 10.2.2015, Tema nº 323; RE 598.085, Rel. Min. Luiz Fux, j. 6.11.2014, *DJe* 10.2.2015.

literalidade da complexa legislação tributária deve ceder a uma interpretação mais adequada e mais harmônica com a finalidade de assegurar equivalência de condições para empresas de menor porte.[16]

A definição do escopo e do alcance de leis complementares em matéria tributária suscita ampla litigância e permanente intervenção corretiva do STF. Primeiramente, questiona-se: de qual lei complementar trata o comando constitucional? Federal, distrital, estadual ou municipal? De acordo com jurisprudência do STF, a lei complementar que a Constituição em matéria tributária é federal, de alcance nacional, como elo indispensável entre os princípios nela contidos e as normas de direito local.[17]

A questão também pode ser ilustrada com declaração de inconstitucionalidade de lei do Distrito Federal, que inseria uma nova modalidade de extinção de crédito tributário. Entendeu-se que o legislador do Distrito Federal avançava em assunto cuja competência normativa lhe era vedada, porquanto a lei complementar à qual se refere a Constituição no art. 146 é federal, com alcance nacional.

O Distrito Federal fixou uma forma de dação em pagamento, de perfil civilista, no conjunto de possibilidades de extinção do crédito tributário. O STF entendeu que se tratava efetivamente de criação de uma nova causa de extinção do crédito tributário, pelo que se declarou a inconstitucionalidade da norma.[18]

[16.] ADI nº 4.033, Rel. Min. Joaquim Barbosa, j. 15.9.2010, DJe 7.2.2011.
[17.] ADI nº 1.945/MC, Rel. p/ o ac. Min. Gilmar Mendes, j. 26.5.2010, DJe 14.3.2011; RE 578.582 AgR, Rel. Min. Dias Toffoli, j. 27.11.2012, 1ª Turma, DJe 19.12.2012.
[18.] ADI nº 1.917, voto do Rel. Min. Ricardo Lewandowski, j. 26.4.2007, DJ 24.8.2007.

Deve-se entender o que significa, na dicção constitucional, o conteúdo de normas gerais de Direito Tributário. No entender da jurisprudência do STF, a observância para com normas gerais em matéria tributária é medida que se presta para garantir a segurança jurídica. Objetiva-se um tratamento normativo centralizado, estabilizando-se legitimamente expectativas. É instrumento de busca de certeza do direito. Decidiu o STF que normas gerais não significam normas genéricas. Normas gerais em matéria tributária, de acordo com o STF, são normas aptas a vincular todos os entes federados e os administrados.[19]

O STF mantém orientação no sentido de que cabe à lei complementar, no tocante aos impostos discriminados na Constituição, definir os respectivos fatos geradores, bases de cálculo e contribuintes.[20] Não se pode determinar fato gerador por intermédio de lei ordinária. É o que se decidiu quando de discussão relativa à lei ordinária que criava a modalidade de imposto de renda com desconto na fonte, relativa a acionistas e apuração de lucro líquido das empresas. A modalidade não é prevista no art. 43 do CTN, lei complementar que trata da matéria.[21]

Nessa mesma linha, o STF já rechaçou legislação ordinária que pretendeu tratar de prescrição e decadência, que são assuntos regidos por lei complementar. Essa decisão suscitou a Súmula Vinculante nº 8.[22] Extinção de crédito tributário é matéria de lei complementar federal com alcance nacional.

---

[19] RE 433.352 AgR, Rel. Min. Joaquim Barbosa, j. 20.4.2010, 2ª Turma, DJe 28.5.2010.
[20] RE 223.144, voto do Rel. Min. Carlos Velloso, j. 17.6.2002, DJ 21.11.2003; RE 287.628 AgR, Rel. Min. Ayres Britto, j. 6.3.2012, 2ª Turma, DJe 19.3.2012.
[21] RE 172.058, Rel. Min. Marco Aurélio, j. 30.6.1995, DJ 13.10.1995; RE 307.220 ED, Rel. Min. Gilmar Mendes, j. 1º.2.2019, 2ª Turma, DJe 13.2.2019; AI 807.699 AgR, Rel. Min. Cármen Lúcia, j. 15.2.2011, 1ª Turma, DJe 18.3.2011.
[22] São inconstitucionais o parágrafo único do art. 5º do Decreto-lei nº 1.569/1977 e os arts. 45 e 46 da Lei nº 8.212/1991, que tratam de prescrição e decadência de crédito tributário.

O STF decidiu pela inconstitucionalidade de lei estadual que estabeleceu hipótese de extinção do crédito tributário por decurso de prazo para apreciação de processo administrativo fiscal. Essa hipótese não é contemplada pelas regras do CTN, lei complementar que regula a matéria, pelo que foi decretada sua inconstitucionalidade.[23]

Lei complementar que trate de prescrição e decadência deve ser federal. Busca-se uma disciplina homogênea, em nível nacional, no delicado assunto de obrigação e crédito tributários. Segundo o STF, permitir regulação distinta sobre esses temas, pelos diversos entes da Federação, acarretaria prejuízo à vedação do tratamento desigual entre contribuintes em situação equivalente, bem como à segurança jurídica.[24]

3.7 A medida provisória

O regime original das medidas provisórias foi alterado substancialmente pela Emenda Constitucional nº 32/2001. Pode o Presidente da República adotar medidas provisórias, em caso de relevância e urgência, devendo o texto ser submetido de imediato ao Congresso Nacional.

Simetricamente, governadores e prefeitos também podem editar medidas provisórias, se previsão há nas respectivas constituições estaduais e nas leis orgânicas municipais.

Há vedações ao uso das medidas provisórias, o que as tornam de pouca utilidade em matéria tributária. Por exemplo, não se pode tratar por medida provisória de matéria reservada a lei complementar. Como visto, há vários assuntos tributários

---

[23.] ADI nº 124, Rel. Min. Joaquim Barbosa, j. 1º.8.2008, DJe 17.4.2009.
[24.] RE 560.626, Rel. Min. Gilmar Mendes, j. 12.6.2008, DJe 5.12.2008.

que são objeto de lei complementar, o que torna inviável o manejo de medida provisória.

Além do que, medidas provisórias que impliquem instituição ou majoração de impostos, exceto os regulatórios, somente produzem efeitos no exercício financeiro seguinte se convertidas em lei até o último dia daquele em que foi editada. Essa perspectiva anula o requisito de urgência, que é fundamental na estrutura das medidas provisórias.

Mesmo assim, a jurisprudência se consolidou no sentido de que medidas provisórias podem criar tributos, respeitando-se as limitações fixadas na Constituição.[25]

3.8 O princípio da isonomia ou da igualdade tributária

O art. 150, II, da Constituição dispõe que, sem prejuízo de outras garantias asseguradas ao contribuinte, é vedado à União, aos Estados, ao Distrito Federal e aos Municípios instituir tratamento desigual entre contribuintes que se encontrem em situação equivalente, proibida qualquer distinção em razão de ocupação profissional ou função por eles exercida, independentemente da denominação jurídica dos rendimentos, títulos ou direitos. Cuida-se do princípio da isonomia, em sua dimensão tributária, também conhecido como o princípio da igualdade.

Destaca-se, inicialmente, o que seria uma **igualdade perante a lei**, do que se entenderia por uma **igualdade na lei**. Naquele primeiro caso, **igualdade perante a lei**, tem-se que a norma tributária deve alcançar a todos igualmente, do mesmo

---

[25.] ADI n° 1.417/MC, Rel. Min. Octavio Gallotti, j. 7.3.1996, DJ 24.5.1996; RE 479.134 AgR, Rel. Min. Sepúlveda Pertence, j. 26.6.2007, 1ª Turma, DJ 17.8.2007.

modo. Não se leva em conta juízos de subjetividade. O que se atende, tão somente, é uma situação geral e abstrata, marcada pela formalidade, desprezando-se critérios outros, inclusive de realização da igualdade mediante tratamento desigual.

No último caso, **igualdade na lei**, tem-se como destinatário o aplicador da norma jurídica, no sentido de que se deva levar em conta as desigualdades intrínsecas que diferenciam as pessoas. Nessa hipótese, guarda-se relação de subjetividade, a ser alcançada por aquele que confecciona a norma. São aspectos de uma igualdade substancialmente formal. Na **igualdade perante a lei** o critério deve ser observado no momento no qual a norma jurídica é produzida. Na **igualdade na lei**, o que se leva em conta é o momento de aplicação da norma jurídica.

Do ponto de vista do Direito Tributário, leva-se em conta, preponderantemente, a situação econômica e financeira do contribuinte. O tema da isonomia tributária conta com farta jurisprudência no STF.

Quando da criação de uma fórmula simplificada de recolhimento de tributos, o **Sistema Simples**, nos termos da Lei nº 9.317/1996, questionou-se que o benefício de algum modo feria o princípio da isonomia tributária. O STF entendeu que essa ofensa não ocorria, e que os beneficiários necessitavam desse incentivo, realizando-se a máxima de que se deve tratar igualmente os iguais e desigualmente os desiguais.[26] Além do que, a regra originária do Simples (Lei nº 9.317/1996) foi posteriormente alterada pela Lei Complementar nº 123/2006, que fixou as linhas gerais do modelo atual dessa fórmula de tributação simplificada.

[26.] RE 476.106 AgR, Rel. Min. Gilmar Mendes, j. 1º.4.2008, 2ª Turma, *DJe* 25.4.2008.

O STF afastou norma estadual que isentava oficiais de justiça quando da aquisição de automóveis. Entendeu-se que fora desrespeitada a isonomia, como disposto no art. 150, II, da Constituição. Não se constatou qualquer base axiológica no postulado da razoabilidade. O STF verificou que essa norma engendrava tratamento discriminatório em benefício da categoria dos oficiais de justiça estaduais.[27]

Situação similar ocorreu com lei complementar estadual que isentou membros do Ministério Público do pagamento de custas judiciais, notariais, cartorárias e quaisquer taxas ou emolumentos. O STF declarou que a norma fere o disposto no art. 150, II, da Constituição. Insistiu que o texto constitucional consagra o princípio da igualdade de tratamento aos contribuintes.[28]

Por outro lado, qualificando a premissa da **igualdade na lei**, o STF entendeu que não constituiu ofensa à isonomia a instituição de incentivos fiscais para empresas que contratam empregados com mais de 40 anos. A Assembleia Legislativa que promulgara a lei questionada teria usado um aspecto extrafiscal que pode ser conferido aos tributos, para estimular conduta por parte do contribuinte, sem violar os princípios da igualdade e da isonomia.[29]

A jurisprudência consagrou entendimento no sentido de que o princípio da isonomia tributária não se resume ao tratamento igualitário em toda e qualquer situação jurídica. Consiste além disso na implementação de medidas com o desígnio de atenuar fatores discriminatórios existentes.

---

[27] ADI nº 4.276, Rel. Min. Luiz Fux, j. 20.8.2014, DJe 18.9.2014.
[28] ADI nº 3.260, Rel. Min. Eros Grau, j. 29.3.2007, DJ 29.6.2007; ADI nº 3.334, Rel. Min. Ricardo Lewandowski, j. 17.3.2011, DJe 5.4.2011.
[29] ADI nº 1.276, Rel. Min. Ellen Gracie, j. 28.8.2002, DJ 29.11.2002.

Impõe-se, por vezes, tratamento desigual em circunstâncias específicas e que militam em prol da igualdade. No entender do STF, a isonomia, sob o ângulo do esforço de obter a igualdade, exige correlação lógica entre o fator de discriminação e a desequiparação.

No entendimento do STF, buscou-se uma adequada correlação valorativa. Não revelaria discriminação inconstitucional a concessão de parcelamento apenas aos contribuintes que não ingressaram em juízo ou aos que ajuizaram ações, mas não implementaram o depósito do crédito tributário controvertido, e a exceção aos contribuintes que ingressaram em juízo e realizaram o depósito judicial.[30]

O STF também entendeu que a sobrecarga imposta aos bancos comerciais e às entidades financeiras, no tocante à contribuição previdenciária sobre a folha de salários, não fere, à primeira vista, o princípio da isonomia tributária, ante a expressa previsão constitucional.[31]

Há dois exemplos na história do Direito Tributário brasileiro que ilustram que os conceitos de igualdade **na** lei e de igualdade **perante** a lei são conquistas relativamente recentes. Em 1956, vigia norma que facultava que membros do Congresso Nacional, do Supremo Tribunal Federal e do antigo Tribunal Federal de Recursos importassem, para uso pessoal, automóveis, pelo câmbio livre, até 3.000 dólares, independentemente de licença prévia.[32]

À época, um Ministro do Tribunal de Contas da União, importou, mediante fatura consular, visada por ordem telegráfica

---

30. RE 640.905, Rel. Min. Luiz Fux, j. 15.12.2016, DJe 1°.2.2018.
31. AC 1.109/MC, Rel. p/ o ac. Min. Ayres Britto, j. 31.5.2007, DJ 19.10.2007.
32. Lei n° 3.053, de 22 de dezembro de 1956, art. 4°.

do Ministério das Relações Exteriores, um automóvel Chevrolet, Bel Air, modelo 1957, pelo preço de 2.646 dólares e 12 centavos. Pretendia se valer do benefício, ainda que Ministros do Tribunal de Contas da União não estivessem listados na norma de isenção.

No procedimento de desembaraço aduaneiro no Rio de Janeiro, os servidores da Alfândega questionaram a isenção da licença prévia. Encaminharam uma consulta para o Ministério da Fazenda, que entendeu que a norma de isenção deveria ser interpretada literalmente.

Ainda que se tivesse uma equiparação constitucional entre Ministros do Tribunal de Contas e Juízes do Tribunal Federal de Recursos, entendeu-se que a interpretação literal que o caso exigia determinava que se negasse a pretensão do Ministro do Tribunal de Contas da União.

O Ministro da Fazenda encaminhou consulta à Consultoria-Geral da República, por entender que a matéria era de alta relevância. Com a resposta da consulta concordou o Presidente da República. Entendeu-se que Ministro do Tribunal de Contas era amparado pela norma de isenção. Tratava-se de autorização legislativa, e decorria de uma discrição que era própria daquele poder.

Enfatizou-se que o privilégio era vinculado à qualidade profissional do beneficiário. Decidiu-se que a isenção era dirigida a congressistas e magistrados. Não se trataria de um direito pessoal. Em seguida, analisou-se o art. 76, § 1º, da Constituição Federal de 1947, que dispunha que os Ministros do Tribunal de Contas teriam os mesmos direitos, garantias, prerrogativas e vencimentos dos Juízes do Tribunal Federal de Recursos.

Ponderou-se que o legislador constituinte determinou essa identificação. Toda vez que se instituísse aos juízes um direito novo, mesmo excepcionalmente, a prerrogativa se transmitiria, imediatamente, e com características idênticas, aos Ministros do Tribunal de Contas.

Como se percebe da leitura da decisão acima, o critério de igualdade preponderaria, apenas, na relação entre autoridades, isto é, congressistas e membros do Judiciário. Em nenhum momento se questionou o fato de que o benefício de que se tratava não alcançaria todos os cidadãos. Verifica-se, assim, ainda que com plena justificação normativa, um privilégio odioso, que qualifica a igualdade **na** lei e não a igualdade **perante** a lei.

Ainda no tema de isonomia, no contexto de sua construção histórica, chama a atenção discussão que houve relativa à tributação dos magistrados. A questão se origina no início da República Velha, quando se assegurava aos juízes a irredutibilidade dos vencimentos. No momento da criação do imposto de renda no Brasil, os Ministros do STF protestaram contra o fato de que deveriam recolher a exação, no que foram prontamente atendidos pelas autoridades fazendárias. Os magistrados foram então dispensados de recolher imposto de renda.

No entanto, uma reforma constitucional ocorrida em 1926 sujeitou os magistrados ao recolhimento de impostos gerais. Ainda que os juízes passassem a recolher o mencionado imposto sobre os próprios vencimentos, acreditavam-se imunes à tributação na renda, porquanto o recolhimento implicava redução dos vencimentos.

A discussão persistiu ao longo da era Vargas. Ministros do STF concederam segurança a magistrados e servidores públicos, isentando-os do recolhimento do imposto de renda. Justificou-se a medida na irredutibilidade dos vencimentos. Getúlio Vargas, por decreto-lei, cassou a decisão do STF, alegando defesa do interesse público. A medida revela, inclusive, a preponderância do Executivo sobre o Judiciário.

A partir da promulgação da Constituição de 1946, verificou-se nova rebeldia de Ministros do STF e do Tribunal de Contas contra o imposto de renda. Argumentava-se que não se tratava de um imposto geral e que, portanto, não qualificava uma exceção prevista pelo texto constitucional vigente. Decisões do antigo Tribunal Federal de Recursos, bem como do próprio STF, fixaram o entendimento de que o imposto de renda deveria ser descontado dos vencimentos dos magistrados, não obstante recorrência insurgência de juízes estaduais.

O princípio da igualdade, substancialmente, definiu-se pela vedação de que se trate desigualmente contribuintes que se encontrem em situação equivalente. Essa situação é de âmbito econômico, e não funcional. Objeto de consideração em casos concretos, chega-se à conclusão de que é isonômico o que é justo, e não isonômico o que é injusto. Ainda que os conceitos de justiça e de injustiça possam variar de acordo com o intérprete, do ponto de vista econômico, que é o substrato para a avalição tributária, há elementos objetivos que permitam sua plena identificação.

3.9 O princípio da capacidade contributiva

O princípio da capacidade contributiva se vincula ao princípio da proporcionalidade, e assim já se observava no texto constitucional de 1824, que no inciso XV do art. 176 dispunha que ninguém estaria isento de contribuir para as despesas do Estado em proporção de seus haveres.

Essa regra fazia parte de um conjunto de disposições gerais, de garantia de direitos civis e políticos, de titularidade dos cidadãos brasileiros. Na origem, assim, a capacidade contributiva, a par de se modular pela proporcionalidade, inseria-se em um contexto amplo de proteção a direitos e garantias individuais e coletivas.

Não há referências à capacidade contributiva e à proporcionalidade na Constituição de 1891, e também não há referências à capacidade contributiva nas Constituições de 1937, de 1967 e na Emenda Constitucional nº 1/1969. Na Constituição de 1934 havia uma disposição que lembra a ideia da capacidade contributiva, como se lê no art. 185, no sentido de que nenhum imposto poderia ser elevado além de 20% ao tempo do aumento. Mais objetivamente, o disposto no art. 128, que sujeitava a imposto progressivo às transmissões de bens por herança ou legado.

Essa disposição se conformava com os critérios de justiça social que informou a Constituição de 1934, que se revela como um documento de época, marcado por intensa polarização ideológica, indicando arranjos institucionais inovadores, a par de algumas peculiaridades, a exemplo da representação classicista, da justiça eleitoral e do mandado de segurança.

O princípio da capacidade contributiva é encontrado na Constituição de 1946. No art. 202, fixou-se que os tributos teriam caráter pessoal, sempre que isso fosse possível, e que seriam graduados conforme a capacidade econômica do contribuinte. Há também na Constituição de 1946 outra norma de compreensão análoga, ainda que sob uma forma que hoje não compreenderíamos objetiva e explicitamente como princípio que levasse em conta a capacidade contributiva de todos os cidadãos.

Nesse caso, colhe-se um modelo mais próximo ao que hoje compreenderíamos como o princípio do mínimo existencial.

Nos termos do § 1º do art. 15 da Constituição de 1946, eram isentos do imposto de consumo os artigos que a lei classificasse como o mínimo indispensável à habitação, vestuário, alimentação e tratamento médico das pessoas de restrita capacidade econômica. Tinha-se um desdobramento do princípio da igualdade, no sentido de que a isonomia exige que se guarde uma equitativa proporcionalidade entre a capacidade econômica do contribuinte e os encargos fiscais.

A concepção de capacidade contributiva foi positivada novamente na Constituição de 1988. Dispôs-se que, sempre que possível, os impostos terão caráter pessoal e serão graduados segundo a capacidade econômica do contribuinte, facultado à administração tributária, especialmente para conferir efetividade a esses objetivos, identificar, respeitados os direitos individuais e nos termos da lei, o patrimônio, os rendimentos e as atividades econômicas do contribuinte.

Primeiramente, deve-se observar a cláusula que dá início à disposição: **sempre que possível**. O comando exclui, por impossibilidade manifesta, os impostos indiretos e de consumo, a exemplo do ICMS, cuja dinâmica de arrecadação não permite que se identifique, ao momento do fato gerador, a capacidade contributiva do contribuinte.

Dessa impossibilidade fática predica a regressividade fiscal. Vale dizer, quanto menor a capacidade econômica do contribuinte, nos impostos indiretos e de consumo, maior a carga fiscal. Essa situação revela inegável injustiça tributária.

O princípio da capacidade contributiva se efetiva mediante a aplicação também de outras chaves interpretativas de Direito Tributário. Está diretamente ligado à ideia de progressividade, porquanto seu cálculo visa mitigar os desajustes ocorridos na tributação sobre o consumo, e que implicam a regressividade.

O substrato conceitual que informa o princípio da capacidade contributiva está em Adam Smith, para quem era necessário que as pessoas contribuíssem o mais possível para a manutenção do governo, proporcionalmente às suas respectivas capacidades.

Tem-se, assim, um vínculo indissociável entre o princípio da capacidade contributiva e o princípio da progressividade. Este último é alcançado, do ponto de vista fático, mediante aquele primeiro, que o instrumentaliza. No contexto do sistema tributário brasileiro, o princípio da capacidade contributiva conta com maior possibilidade de utilização no Imposto de Renda (IR), no Imposto Predial e Territorial Urbano (IPTU) e no Imposto Territorial Rural (ITR).

No caso do IR, o princípio da capacidade contributiva se qualifica em seu sentido estritamente fiscal, constatado no montante arrecadado. Alíquotas maiores para bases de cálculo maiores implicam resultados financeiramente mais expressivos.

Nesse sentido, o IR conta com alíquotas com cinco patamares: isenção, e alíquotas de 7,5%, 15%, 22,5% e 27,5%. Nos demais casos, IPTU e ITR, o resultado financeiro é menos expressivo, porém a indução de comportamentos é mais relevante, o que confirma sua natureza extrafiscal.

Deve-se verificar também, à luz da dicção constitucional, que o princípio da capacidade contributiva se aplica somente aos impostos, não se prestando para taxas, contribuições de melhoria e demais espécies tributárias.

No entanto, o STF tem alterado essa limitação, no sentido de que o princípio da capacidade contributiva se aplicaria somente a impostos.[33] Verifica-se, nesse assunto, a ocorrência de uma mutação constitucional, isto é, de alteração do texto constitucional por via interpretativa. O STF tem enfatizado que o princípio da capacidade contributiva, tal como previsto no art. 145, § 1º, da CF, aplica-se a todas as exações fiscais, e não exclusivamente aos impostos.

No caso, decidiu-se que não padece de vício de inconstitucionalidade norma que instituiu adicional à contribuição social devida por empregadores de certos segmentos produtivos ou financeiros. Na hipótese, o STF verificou compatibilidade com os princípios da solidariedade, equidade e capacidade contributiva, que constituem os principais esteios da seguridade social. Esta última é mantida, prioritariamente, por recursos de origem fiscal.

Na compreensão do STF todos os tributos, e não apenas os impostos, submetem-se ao princípio da capacidade contributiva.[34] Abstraindo-se classificações decorrentes de critérios puramente econômicos, a capacidade contributiva também deve ser informada por aspectos objetivos (o quê), subjetivos (quem) e proporcionais (quanto).

A capacidade contributiva se revela também no campo de aferição de multas. Já entendeu o STF que multa moratória de 20% do valor do imposto devido não se mostra abusiva ou desarrazoada. Não haveria ofensa aos princípios da capacidade contributiva e da vedação ao confisco.[35]

[33.] RE 599.309, Rel. Min. Ricardo Lewandowski, j. 6.6.2018.
[34.] RE 406.955 AgR, Rel. Min. Joaquim Barbosa, j. 4.10.2011, 2ª Turma, DJe 21.10.2011.
[35.] RE 239.964, Rel. Min. Ellen Gracie, j. 15.4.2003, 1ª Turma, DJ 9.5.2003; AI 755.741 AgR, Rel. Min. Cezar Peluso, j. 29.9.2009, 2ª Turma, DJe 29.10.2009.

Quanto à relação da capacidade contributiva com todos os impostos, o STF tem mantido que não há exceções.[36] Discutiu-se a aplicabilidade desse princípio em face da sujeição passiva do Imposto sobre Transmissão *Causa Mortis* e Doação de Bens e Direitos (ITCMD), imposto direto e, consequentemente, hábil para expressão da progressividade e da regressividade, que são indicadores objetivos da capacidade contributiva.

Há incidência da capacidade contributiva nos chamados impostos diretos, não importando se possuam caráter real ou pessoal. O STF insiste que há necessidade de critérios objetivos, declarando inconstitucionalidade de norma que fixava o grau de parentesco como parâmetro para progressividade em âmbito de Imposto sobre Transmissão *Causa Mortis* e Doação de Bens e Direitos (ITCMD).[37]

O princípio da capacidade contributiva também foi discutido a propósito de fixação de bases de cálculo para exações devidas por sociedades prestadoras de serviços profissionais.[38] Há no modelo patamares de tributação diferenciada, que o STF entendeu adequadas para garantir a igualdade e a capacidade contributiva.

A progressividade, corolário da capacidade contributiva, exige alíquotas diferenciadas segundo critérios que levem em conta a capacidade contributiva. Essa compreensão foi adotada quanto de discussão em torno de lei estadual que fixou alíquotas diferenciadas em razão do tipo do veículo.[39]

---

[36]. RE 562.045, Rel. p/ o ac. Min. Cármen Lúcia, voto do Min. Eros Grau, j. 6.2.2013, *DJe* 27.11.2013.
[37]. RE 854.869 AgR, Rel. Min. Cármen Lúcia, j. 25.8.2015, 2ª Turma, *DJe* 4.9.2015; RE 557.367 AgR, Rel. Min. Alexandre de Moraes, j. 20.2.2018, 1ª Turma, *DJe* 6.3.2018.
[38]. AI 703.982 AgR, Rel. Min. Dias Toffoli, j. 9.4.2013, 1ª Turma, *DJe* 7.6.2013; RE 795.415 AgR, Rel. Min. Cármen Lúcia, j. 3.6.2014, 2ª Turma, *DJe* 13.6.2014.
[39]. RE 414.259 AgR, Rel. Min. Eros Grau, j. 24.6.2008, 2ª Turma, *DJe* 15.8.2008.

No contexto do Imposto sobre Serviços (ISS), em relação à capacidade contributiva, o que se leva em conta é a ocorrência do fato gerador, que se dá com a prestação do serviço, independentemente do prazo concedido para pagamento.[40] O prazo é uma concessão que o contribuinte faz a sua clientela, inclusive como forma de atrair consumidores e aumentar as vendas.

Trata-se de um princípio autoaplicável, que não depende de legislação de conformação para que seja efetivo no mundo fático. O principal destinatário do princípio da capacidade contributiva é o legislador, a quem cabe modular e indicar parâmetros para que seja realmente implementado.

3.10 O princípio da irretroatividade

Nos termos do art. 150, III, *a*, da CF, sem prejuízo de outras garantias asseguradas ao contribuinte, é vedado à União, aos Estados, ao Distrito Federal e aos Municípios cobrar tributos em relação a fatos geradores ocorridos antes do início da vigência da lei que os houver instituído ou aumentado.

Deve-se associar essa disposição a outra mais abrangente, contida no art. 5º, XXXVI, no sentido de que a lei não prejudicará o direito adquirido, o ato jurídico perfeito e a coisa julgada. Essas três dimensões, na medida em que incorporadas no patrimônio de seu titular, inviabilizam a aplicação retroativa da lei tributária.

Nesse passo, há convergência entre a lei tributária e a lei penal, regidas, quanto á aplicabilidade retroativa no tempo, por princípios comuns. A regra é a irretroatividade. Exceções

---

[40]. AI 228.337 AgR, Rel. Min. Sepúlveda Pertence, j. 7.12.1999, 1ª Turma, *DJ* 18.2.2000.

há, conforme se dispõe no art. 106 do CTN. A lei tributária se aplica a ato ou fato pretérito, primeiramente, quando seja expressamente interpretativa, excluída a aplicação de penalidade à infração dos dispositivos interpretados. Não pode ser aplicada na hipótese de ato não definitivamente julgado.

Guardando semelhança com matéria penal, a lei tributária se aplica ao passado quando deixe de definir fato ou comportamento como infração, quando deixe de tratá-lo como contrário a qualquer exigência de ação ou omissão, desde que não tenha sido fraudulento e não tenha implicado falta de pagamento de tributo. Por fim, quando a lei nova prescreva penalidade menos severa que a prevista na lei vigente ao tempo da sua prática.

Extrai-se de vários dispositivos do CTN que há possibilidade de retroatividade de lei tributária, quanto a fatos geradores pretéritos. Leis interpretativas retroagem, em sua forma declaratória, e não constitutiva. Tem-se a fixação de um conceito ou a qualificação de uma situação, de modo meramente descritivo. Não se constituem ou incorporação direitos no contexto de uma lei interpretativa. Também não se pode aplicar uma punição, a exemplo de uma multa, com referência aos dispositivos que foram objeto de interpretação.

Exemplo de lei interpretativa em matéria tributária se encontra no art. 3º da Lei Complementar nº 118/2005, que dispôs que, para efeito de interpretação do inciso I do art. 168 do CTN, a extinção do crédito tributário ocorre, no caso de tributo sujeito a lançamento por homologação, no momento do pagamento antecipado. Tem-se, assim, uma norma de interpretação, que faz explícita referência à norma interpretada. Na tipologia clássica dos modelos de interpretação, verifica-se uma interpretação autêntica.

Uma nova lei tributária, de alcance penal, quando benigna, também é passível de aplicável a fato pretérito, desde que não se tenha uma situação definitivamente julgada. A coisa julgada de que trata o CTN é penal e também administrativa. O fato deve deixar de ser capitulado como uma infração. O fato ao qual se aplica não pode ser qualificado como fraudulento ou como instrumental na preparação para omissão de pagamento de tributo devido.

Remete-se também ao art. 144 do CTN, que dispõe que o lançamento se reporta à data da ocorrência do fato gerador da obrigação e rege-se pela lei então vigente, ainda que posteriormente modificada ou revogada. Nesse caso, também dispõe o CTN, aplica-se ao lançamento a legislação que, posteriormente à ocorrência do fato gerador da obrigação, tenha instituído novos critérios de apuração ou processos de fiscalização, ampliado os poderes de investigação das autoridades administrativas, ou outorgado ao crédito maiores garantias ou privilégios, exceto, neste último caso, para o efeito de atribuir responsabilidade tributária a terceiros.

Nos termos do art. 180 do CTN, leis que concedem anistia, isto é, que perdoam multas, abrangem exclusivamente as infrações cometidas anteriormente à vigência da lei que a concede. O perdão relativo a uma infração dá à anistia fiscal a feição de uma lei tributária benigna.

O fundamento político e econômico da vedação da retroatividade da lei tributária consiste na busca da segurança jurídica. Deve-se identificar, no contexto da busca da segurança jurídica, que há diferenças entre os princípios da irretroatividade e da anterioridade. O princípio da anterioridade não permite que se cobre tributo no mesmo exercício financeiro da publicação da lei que o instituiu. O princípio da irretroatividade, por sua vez, veda que se aplique uma lei tributária em relação a fatos que ocorreram antes da entrada em vigor da lei que se discute.

Há limitações de várias ordens para a aplicação do princípio da irretroatividade, de acordo com a jurisprudência consolidada do STF.[41] O princípio da irretroatividade vincula a produção normativa estatal apenas nas hipóteses expressamente previstas pela Constituição. De acordo com o STF, o objetivo é inibir a ação do poder público que possa gerar restrições gravosas à liberdade, à sujeição tributária e à segurança jurídica.

São esses os três limites: o *status libertatis* da pessoa (CF, art. 5º, XL), o *status subjectionais* do contribuinte em matéria tributária (CF, art. 150, III, *a*) e a **segurança jurídica** no domínio das relações sociais (CF, art. 5º, XXXVI). Assim, entende o STF que, se a retroatividade tributária não atingir essas três hipóteses ou dimensões, pode o Estado editar e prescrever atos normativos com efeito retroativo. Ainda que as leis sejam dotadas de caráter prospectivo e ordinariamente dispostas para o futuro, o sistema jurídico-tributário brasileiro não admite, como postulado absoluto e indiscutível, o princípio da irretroatividade. As situações devem ser avaliadas caso a caso.

3.11 O princípio da anterioridade

O princípio da anterioridade, nos termos do art. 150, III, *b*, da CF, consiste na proibição de que se cobre tributos no mesmo exercício financeiro em que haja sido publicada a lei que os instituiu ou aumentou. Mencionado princípio não pode ser confundido com o princípio da anualidade, que já não mais vige em Direito Tributário. A anualidade consistia em disposição de

---

[41.] ADI nº 605 MC, Rel. Min. Celso de Mello, j. 23.10.1991, *DJ* 5.3.1993.

que a cobrança de determinado tributo deveria ser autorizada pela lei orçamentária do ano anterior ao qual a cobrança seria feita.

Leva-se em conta o exercício financeiro, fixado de 1º de janeiro a 31 de dezembro, que corresponde também ao ano civil. Trata-se de disposição contida no art. 34 da Lei nº 4.320/1964. O objetivo do princípio da anterioridade consiste em mecanismo de garantia de segurança jurídica e de planejamento negocial. O princípio da segurança jurídica não está explícito no texto constitucional vigente. Realiza-se, no entanto, no contexto de vários outros princípios, a exemplo da anterioridade.

O princípio da anterioridade é garantia individual do contribuinte (art. 5º, § 2º; art. 60, § 4º, IV; e art. 150, III, b, da Constituição), qualificando-se como uma cláusula pétrea e insuscetível pela alteração, a exemplo do que ocorreu com o repúdio do STF pela Emenda Constitucional nº 3.

Em virtude da utilização dos tributos para o controle da atividade econômica, no sentido da expressão extrafiscal da administração tributária, há várias exceções ao princípio da anterioridade. O conjunto de exceções se inicia com os chamados impostos regulatórios, vale dizer, o Imposto de Importação (II), o Imposto de Exportação (IE), o Imposto sobre Operações Financeiras (IOF) e o Imposto sobre Produtos Industrializados (IPI).

Essas referências também são mencionadas quando se trata das exceções ao princípio da legalidade. Isso porque alíquotas de II e de IE podem ser alteradas por Portaria do Ministro da Economia, bem com as alíquotas do IOF e do IPI podem ser alteradas por Decreto do Presidente da República.

Neste último caso, decreto que altera alíquotas de IPI, exemplifica-se com o Decreto nº 7.705, de 25 de março de

2012, que modificou a Tabela de Incidência do Imposto sobre Produtos Industrializados, denominada de Tabela TIPI. Mencionado decreto entrou em vigor no mesmo dia de sua publicação. Foi revogado pelo Decreto n° 8.950, de 29 de dezembro de 2016, que surtiu efeitos a partir de 1° de janeiro de 2017.

Tais decretos reduzem e aumentam alíquotas de vários produtos da denominada linha branca, composta por aparelhos eletrodomésticos de maior parte. São eletrodomésticos que atendem necessidades básicas de uma residência, a exemplo de geladeiras e fogões.

Pode-se cogitar de políticas de correção de externalidades, no sentido de que se incentiva a compra de eletrodomésticos mais novos, com menor consumo de energia.

Os impostos que incidem sobre a circulação internacional de mercadorias, importação e exportação, exigem pronta intervenção governamental, especialmente no que se refere à proteção do mercado interno, tanto produtor quanto consumidor. Por isso, a necessidade de fórmulas mais ágeis para sua regulamentação.

Do mesmo modo, essa interferência também ser mais expedita em relação aos impostos que alcançam a atividade bancária e a atividade industrial. Por isso, a possibilidade de que alíquotas sejam alteradas por decreto presidencial, afastando-se das limitações circunstanciais e procedimentais do processo legislativo regular.

A Constituição também dispensa atenção para com o princípio da anterioridade na hipótese de empréstimos compulsórios para despesas extraordinárias. O fato de que se trata de despesas que não podem ser postergadas sustenta a opção constitucional que excluiu desse tributo a aplicação do princípio da anterioridade.

Dispensa idêntica se dá nas hipóteses das alíquotas de ICMS sobre combustíveis e lubrificantes, antecedidas de deliberação dos Estados e do Distrito Federal. A CIDE-Combustíveis e as contribuições de seguridade social também não se submetem ao princípio da anterioridade.

Discussões em torno da aplicação do princípio da anterioridade atingem o regime geral de isenções. Isto é, questiona-se se revogação de isenção é medida que exige respeito à anterioridade. O STF entende que, revogada a isenção, o tributo se torna imediatamente exigível. Nesses casos, decidiu o STF, não há que se observar o princípio da anterioridade, dado que o tributo já é existente.[42] O STF também prolatou diversas decisões no sentido de que viola o princípio da irretroatividade a introdução de mudanças na sistemática de apuração do tributo capazes de majorá-lo, se o período de apuração estava encerrado.[43]

Violação ao princípio da anterioridade fulminou emenda constitucional. Trata-se da Emenda Constitucional nº 3, de 17 de março de 1993, que havia instituído um Imposto Provisório sobre Movimentações Financeiras (IPMF). Excepcionava-se, na mencionada emenda, a aplicação da anterioridade, com o que o STF não concordou, decidindo por sua inconstitucionalidade.[44] Ao que consta, trata-se da única vez na qual o STF havia julgado pela inconstitucionalidade de uma emenda constitucional.

---

[42] RE 204.062, Rel. Min. Carlos Velloso, j. 27.9.1996, 2ª Turma, *DJ* 19.12.1996.
[43] ARE 660.173 AgR, Rel. Min. Dias Toffoli, j. 5.11.2013, 1ª Turma, *DJe* 28.11.2013.
[44] ADI nº 939, Rel. Min. Sydney Sanches, j. 15.12.1993, *DJ* 18.3.1994.

3.12 O princípio da anterioridade nonagesimal

O princípio da anterioridade não foi suficiente para garantir a segurança jurídica em várias ocasiões. Exemplifica-se com a Lei n° 8.383, de 30 de dezembro de 1991, que tratava, entre outros, do imposto de renda e proventos de qualquer natureza, incluindo rendimentos e ganhos de capital, percebidos por pessoas físicas residentes ou domiciliadas no Brasil.

Fixava-se uma tabela progressiva que valeria a partir de 1° de janeiro de 1992, isto é, dois dias depois da publicação da lei. Percebe-se possível fraude legislativa ao princípio da anterioridade, levando-se em conta que a medida não atendeu aos princípios esperados de segurança jurídica.

Formalmente, respeitou-se o princípio da anterioridade em sua forma convencional. No entanto, não se atendeu, substancialmente, as razões pelas quais mencionado princípio faz parte de nosso sistema tributário.

A Emenda Constitucional n° 42/2003, pretendeu corrigir esse tipo de situação. Foi eficiente para com vários tributos, ainda que no caso particular do Imposto de Renda não tenha tido sucesso, por razões compreensíveis, como se verá. Na nova fórmula, a par da anterioridade regular, há exigência de que alteração não possa ter vigência antes de decorridos 90 dias da data em que haja sido publicada a lei que os instituiu ou aumentou. Trata-se da anterioridade nonagesimal.

A exemplo do princípio da anterioridade regular, a anterioridade nonagesimal também conta com conjunto de exceções. Refere-se ao empréstimo compulsório para despesas extraordinárias, ao Imposto de Importação, ao Imposto de Exportação, ao Imposto de Renda, ao Imposto sobre Operações

Financeiras, aos Impostos Extraordinários de Guerra, à fixação da base de cálculo do Imposto sobre a Propriedade de Veículos Automotores e do Imposto sobre a Propriedade Predial e Territorial Urbana.

Como se pode observar, o fato de que o Imposto de Renda foi excepcionado da anterioridade nonagesimal, anula qualquer mecanismo de contenção de surpresa, no sentido de que lei alteradora de alíquota fora publicada no último dia do exercício financeiro, para valer já no dia seguinte, inclusive.

Nesse sentido, o exemplo acima identificado, relativo ao Imposto de Renda, presta-se apenas como um indicativo acadêmico do problema, levando-se em conta de que a Emenda Constitucional nº 42 não solucionou a questão. Por outro lado, é compreensível essa opção do legislador, porquanto o fato gerador desse imposto se desdobra ao longo de todo o exercício financeiro.

No quadro geral de exceções, chama-se a atenção para o fato de que o Imposto sobre Produtos Industrializados é excepcionado pela anterioridade regular, ainda que submetido à anterioridade nonagesimal. Esse trato legislativo se revela razoável, atendendo a tensão entre a segurança jurídica e a natureza extrafiscal da exação. Tal posição foi confirmada pelo STF, no sentido de se mostrar relevante pedido de concessão de medida acauteladora objetivando afastar a exigibilidade da majoração do IPI, promovida mediante decreto, antes de decorridos os noventa dias previstos no art. 150, III, c, da Constituição.[45]

[45.] ADI nº 4.661 MC, Rel. Min. Marco Aurélio, j. 20.10.2011, DJe 23.3.2012; RE 671.927, Rel. Min. Ayres Britto, j. 15.3.2012, dec. monocrática, DJe 3.4.2012.

3.13 O princípio da vedação do confisco

Nos termos do inciso IV do art. 150 da Constituição é proibido utilizar tributo com efeito de confisco. O princípio do não confisco qualifica direito fundamental do contribuinte, como já decidido pelo STF.[46] Porém, a definição do que seja objetivamente confisco é ampla e aberta. Não se trata do mesmo caso do que ocorre, entre outros, com uma definição de grandes fortunas, que depende de lei complementar, porquanto se trata de fato gerador.

Por falta de uma definição normativa ou mesmo de uma especulação doutrinária, deve buscar uma percepção realista do que seja confisco na jurisprudência. O STF já fixou que o princípio do não confisco é uma cláusula aberta, veiculadora de conceito jurídico indeterminado, reclamando, em consequência, que os tribunais o explicitem.[47]

Com efeito, de acordo com o STF, não há uma definição constitucional de confisco em matéria tributária. Trata-se, na realidade, de acordo com o STF, de um conceito aberto, a ser utilizado pelo juiz, com apoio em seu prudente critério, quando chamado a resolver os conflitos entre o poder público e os contribuintes. A definição de confisco, nesse sentido, é uma tarefa jurisprudencial.

As discussões em torno da identificação do que seja confisco ocorrem principalmente no campo da imposição e da impugnação de multas. Em julgamento emblemático, o STF definiu que a abusividade da multa punitiva apenas se revela naquelas arbitradas acima do montante de 100% do valor do

---

[46] ADI nº 4.628, Rel. Min. Luiz Fux, j. 17.9.2014, DJe 24.11.2014.
[47] ARE 712.285 AgR, voto do Rel. Min. Celso de Mello, j. 23.4.2013, 2ª Turma, DJe 28.6.2013.

tributo.⁴⁸ Tem-se, assim, um padrão jurisprudencial para identificação de confisco, compreendido também como resultado da aplicação de uma multa abusiva.

A questão também se desdobrou no contexto da aplicação das multas moratórias. Essas, segundo o STF, são multas moratórias que têm por objetivo sancionar o contribuinte que não cumpre suas obrigações tributárias. Prestigia-se o bom recolhedor de tributos, que cumpre a lei. O tributo, como visto é uma obrigação *ex lege*.

A multa moratória, nesse caso, presta-se como mecanismo de combate ao não cumprimento de obrigações fiscais. Por isso, também entende o STF, não pode ser pífia, mas também não pode ser muito alta, com característica confiscatória, inviabilizando inclusive o recolhimento de futuros tributos. O STF já definiu que não é confiscatória a multa moratória no importe de 20%.⁴⁹

Tentativa de confisco, via tributação, pode ser verificada com leis estaduais que estipulam margens mínima e máxima das custas, dos emolumentos e da taxa judiciária, fixando disciplina progressiva das alíquotas.⁵⁰ Taxas com valores elevados somente podem ser aplicadas nas causas que envolvam considerável vulto econômico. Proporcionalidade e razoabilidade são princípios e referências que se aplicam objetivamente na vedação do confisco.

Não se pode estender a vedação do confisco aos depósitos judiciais, devidamente calculados, inclusive como mecanismo para suspensão de exigibilidade do crédito tributário. Trata-se de um direito do contribuinte. Pode ser exercido ou não.

---

48. AI 851.038 AgR, Rel. Min. Roberto Barroso, j. 10.2.2015, 1ª Turma, *DJe* 12.3.2015.
49. RE 582.461, Rel. Min. Gilmar Mendes, j. 18.5.2011, *DJe* 18.8.2011.
50. ADI nº 2.078, voto do Rel. Min. Gilmar Mendes, j. 17.3.2011, *DJe* 13.4.2011.

Depende da vontade do contribuinte e, nesse sentido, não se qualifica uma índole confiscatória. É que, segundo o STF, nesse caso, sendo o valor corrigido monetariamente, ser-lhe-á restituído se vencedor na ação, rendendo juros com taxa de melhor aproveitamento do que à época anterior à vigência da norma.[51]

O STF também entende que é cabível, em sede de controle normativo abstrato, a possibilidade de se examinar se determinado tributo ofende, ou não, o princípio constitucional do não confisco.[52] Discutiu-se a constitucionalidade de diploma legislativo que instituíra uma multa fiscal de 300%.

Segundo o STF, a proibição constitucional do confisco em matéria tributária, não obstante se trate de multa fiscal resultante do inadimplemento, pelo contribuinte, de suas obrigações tributárias, nada mais consiste do que a proibição, pela Constituição, da injusta apropriação estatal,

> no todo ou em parte, do patrimônio ou dos rendimentos dos contribuintes, comprometendo-lhes, pela insuportabilidade da carga tributária, o exercício do direito a uma existência digna, ou a prática de atividade profissional lícita ou, ainda, a regular satisfação de suas necessidades vitais básicas.

De acordo com o STF, no tema da vedação do confisco, o poder público não pode agir imoderadamente. Confirmou-se concepção no sentido de que a atividade deve ser informada

---

[51.] ADI n° 2.214 MC, Rel. Min. Maurício Corrêa, j. 6.2.2002, *DJ* 19.4.2002; ADI n° 1.933, Rel. Min. Eros Grau, j. 14.4.2010, *DJe* 3.9.2010.

[52.] ADI n° 1.075 MC, Rel. Min. Celso de Mello, j. 17.6.1998, *DJ* 24.11.2006; AI 482.281 AgR, Rel. Min. Ricardo Lewandowski, j. 30.6.2009, 1ª Turma, *DJe* 21.8.2009; RE 400.927 AgR, Rel. Min. Teori Zavascki, j. 4.6.2013, 2ª Turma, *DJe* 18.6.2013; RE 523.471 AgR, Rel. Min. Joaquim Barbosa, j. 6.4.2010, 2ª Turma, *DJe* 23.4.2010.

pela razoabilidade. Assim, e também de acordo com jurisprudência do STF, a multa punitiva pode ser aplicada em situações nas quais se verifica o descumprimento voluntário da obrigação tributária prevista na legislação pertinente.

Conforme essa linha de raciocínio, a multa punitiva é sanção para coibir a prática de ilícitos tributários. De tal modo, há um caráter inegavelmente pedagógico nesse tipo de sanção, que é substancialmente pecuniária. Busca-se desestimular a burla à atuação da administração tributária. Deve-se reconhecer, por essa razão, a aplicação de multas rigorosas. Porém, há um limite. O STF, nessas hipóteses, entende que não há confisco se o limite da imposição não supera o valor devido pela obrigação principal.[53]

Em discussão relativa a aumentos de alíquotas de Imposto de Importação (de 4% para 14%), o STF colocou a necessidade de que se tenha um nítido quadro probatório, para que se identifique se o princípio da vedação do confisco foi atendido.[54] De acordo com o STF, a caracterização do efeito confiscatório pressupõe a análise de dados concretos e de peculiaridades de cada operação ou situação, tomando-se em conta custos, carga tributária global, margens de lucro e condições pontuais do mercado e de conjuntura social e econômica.

Essa linha de raciocínio deve nortear o intérprete na tentativa de se identificar se houve (ou não) o confisco tributário. Há necessidade de avaliação de um quadro geral. Segundo o STF, o mero e isolado aumento da alíquota do tributo é insuficiente para comprovar a absorção total ou demasiada do

---

[53] RE 602.686 AgR-segundo, Rel. Min. Roberto Barroso, j. 9.12.2014, 1ª Turma, DJe 5.2.2015; RE 523.471 AgR, Rel. Min. Joaquim Barbosa, j. 6.4.2010, 2ª Turma, DJe 23.4.2010.
[54] RE 448.432 AgR, Rel. Min. Joaquim Barbosa, j. 20.4.2010, 2ª Turma, DJe 28.5.2010.

produto econômico da atividade privada, de modo a torná-la inviável ou excessivamente onerosa. Essa é a definição jurisprudencial nesse tema.

O STF considera que multas de 20% a 30% do valor do débito são adequadas à luz do princípio da vedação do confisco. A matéria exige identificação objetiva dos valores lançados, para que se possa identificar se de fato houve confisco. Para o STF, a mera indicação do não pagamento, ainda que pontual e isoladamente considerada, seria insuficiente para estabelecer a relação de calibração e ponderação necessárias entre a gravidade da conduta e o peso da punição. Nesse sentido, entende o STF, é ônus da parte interessada apontar peculiaridades do caso que permitiriam identificar a proporcionalidade da pena que se pretende aplicar.[55]

Deve aferir objetivamente o valor da multa lançada, para que se confirme (ou não) a ocorrência de medida confiscatória. De acordo com o STF, não se pode pretender desarrazoada e abusiva a imposição por lei de multa, sob o mero fundamento de que a multa, por si mesma, teria caráter confiscatório.[56]

Em caso também emblemático, o STF decidiu que a instituição de alíquotas progressivas para a contribuição previdenciária dos servidores públicos ofende o princípio da vedação de utilização de qualquer tributo com efeito confiscatório.[57] Por fim, não configura confisco a aplicação da perda

---

[55]. RE 523.471 AgR, Rel. Min. Joaquim Barbosa, j. 6.4.2010, 2ª Turma, DJe 23.4.2010; ARE 637.717 AgR, Rel. Min. Luiz Fux, j. 13.3.2012, 1ª Turma, DJe 30.3.2012.
[56]. RE 590.754 AgR, Rel. Min. Eros Grau, j. 30.9.2008, 2ª Turma, DJe 24.10.2008.
[57]. AI 701.192 AgR, voto da Rel. Min. Cármen Lúcia, j. 19.5.2009, 1ª Turma, DJe 26.6.2009; AI 676.442 AgR, Rel. Min. Ricardo Lewandowski, j. 19.10.2010, 1ª Turma, DJe 16.11.2010.

de perdimento de bem imóvel importado, a partir de normas estritamente legais.[58]

3.14 O princípio da não limitação ao tráfego de pessoas e bens

Dispõe o inciso V do art. 150 da Constituição que é vedado à União, aos Estados, ao Distrito Federal e aos Municípios estabelecer limitações ao tráfego de pessoas ou bens, por meio de tributos interestaduais ou intermunicipais, ressalvada a cobrança de pedágio pela utilização de vias conservadas pelo Poder Público. Taxas de preservação ambiental e cobranças de pedágio são alguns dos problemas que decorrem da aplicação desse princípio constitucional.

Com a promulgação da Constituição de 1988 e com regimes de concessão ou permissão para rodovias pedagiadas, discutiu-se a natureza jurídica do pedágio no contexto mais amplo do direito de ir e vir, com as limitações do permissivo constitucional.

A questão foi pacificada pelo STF que definiu que o pedágio cobrado pela efetiva utilização de rodovias conservadas pelo poder público, cuja cobrança estaria autorizada pelo inciso V, parte final, do art. 150 da Constituição de 1988, não teria natureza jurídica de taxa, mas, de preço público, não estando a sua instituição, consequentemente, sujeita ao princípio da legalidade estrita.[59]

A questão da liberdade de locomoção também ilustra o tema da limitação ao tráfego de pessoas, por intermédio da imposição de obrigações tributárias. Exemplifica-se inicialmente com uma taxa de preservação ambiental que a administração

---

[58.] AI 173.689 AgR, Rel. Min. Marco Aurélio, j. 12.3.1996, 2ª Turma, *DJ* 26.4.1996.
[59.] ADI nº 800, Rel. Min. Teori Zavascki, j. 11.6.2014, *DJe* 1º.7.2014.

da Ilha de Fernando de Noronha cobra de turistas que visitam a ilha. Há inclusive necessidade de cadastramento de acompanhantes menores.

Os valores são recolhidos no aeroporto no momento do desembarque ou mesmo eletronicamente. Nesse caso deve o turista desembarcar com o comprovante de pagamento. Pilotos de aeronaves em serviço são isentos do pagamento dessa taxa pelo período de três dias. Na hipótese de o turista ultrapassar o período para o qual recolheu a taxa, será penalizado com a cobrança em dobro, na hipótese de que essa permanência não esteja previamente agendada e autorizada.

Uma taxa de preservação ambiental também é cobrada em Arraial do Cabo. A exação fora criada como uma resposta ao volume excessivo de pessoas e veículos em pequeno espaço territorial, especialmente na época de estação turística, com prejuízos irreversíveis ao meio ambiente. Constatou-se que o município não conta com recursos próprios para minimizar impactos ambientais decorrentes da presença de grande número de turistas.

São isentos os habitantes do município, bem como proprietários de imóveis e prestadores de serviços para o comércio local, veículos de artistas em apresentações, ambulâncias, veículos oficiais, carros fortes e carros fúnebres, veículos de concessionárias de serviços e de transporte coletivo, a par de trabalhadores residentes em municípios vizinhos.

Há também uma taxa de preservação ambiental cobrada pelo município de Bombinhas, em Santa Catarina. Cobrada inicialmente no período de verão, a taxa visava enfrentar os problemas estruturais que se exacerbam nessa época do ano.

Os recursos arrecadados são destinados a programas de preservação ambiental. Os valores são estipulados de acordo com o veículo taxado, variando de motocicletas para ônibus e caminhões. A taxa é cobrada na medida em que se entra na cidade, com um prazo de carência de 24 horas.

A cobrança dessas taxas não ofende a liberdade de locomoção porquanto, de um ponto estruturalmente formal, não se trata de tributos interestaduais ou intermunicipais. São exações locais, plenamente justificadas por demandas localizadas e que não afetam a liberdade de ir e vir, nos termos postos pelo texto constitucional.

3.15 Princípio da não discriminação em razão da procedência ou do destino

Nos termos do art. 152 da Constituição, é vedado aos Estados, ao Distrito Federal e aos Municípios estabelecer diferença tributária entre bens e serviços, de qualquer natureza, em razão de sua procedência ou destino. O princípio da não discriminação em razão da procedência ou do destino exerce papel importante no contexto da guerra fiscal.

É importante mecanismo de combate à competição fiscal predatória entre entes públicos. Em virtude dos efeitos que exerce em relação à vida econômica dos entes públicos, o princípio da não discriminação em razão da procedência ou destino conta com farta jurisprudência.

O STF já decidiu, nesse tema, que ofende a vedação à discriminação tributária de natureza espacial a fixação de reserva de mercado a prestadores domiciliados em determinado Estado-membro como requisito para a fruição de regime tributário favorecido e de acesso a investimentos públicos.[60] Fruição de regime tributário independe do domicílio do prestador.

---

[60]. ADI nº 5.472, Rel. Min. Edson Fachin, j. 1º.8.2018, *DJe* 14.8.2018.

Nesse caso, teve-se efetiva aplicação do princípio, no sentido de que se neutralizou um regime de preferência, construído a partir da fixação de um domicílio. Não se constatou que seria justificável a discriminação, com base na origem ou no destino do produto. Pretende-se proteger um mercado nacional, único, indiferenciado do ponto de vista tributário, reflexo da própria soberania nacional e da unidade política e econômica da República, na expressão do STF.

O STF refutou medida normativa por intermédio da qual se alcançava redução da carga tributária condicionada à origem da industrialização da mercadoria. Fulminou-se um decreto estadual que estabelecia regime diferenciado de tributação para as operações das quais resultassem a saída interna de produto, em função da procedência ou do destino de tal operação.[61]

Nesse mesmo tema, o STF também decidiu que a antecipação de pagamento do imposto, quando a mercadoria se destina a outro Estado, não configura a adoção de diferença tributária, em razão do destino e procedência dos bens.[62]

3.16 Princípio da uniformidade geográfica

Dispõe a Constituição que é vedado à União instituir tributo que não seja uniforme em todo o território nacional ou que implique distinção ou preferência em relação ao Estado, ao Distrito Federal ou ao Município, em detrimento de outro. Admite-se, no entanto, a concessão de incentivos fiscais destinados a promover o equilíbrio do desenvolvimento socioeconômico entre as diferentes regiões do país.

[61.] ADI nº 3.389 e ADI nº 3.673, Rel. Min. Joaquim Barbosa, j. 6.9.2007, DJ 1º.2.2008.
[62.] RE 167.034 AgR, voto do Rel. Min. Néri da Silveira, j. 14.12.1999, 2ª Turma, DJ 25.2.2000.

Trata-se do princípio da uniformidade geográfica, cujo objetivo é promover a uniformidade tributária, com reflexos no regime geral de competitividade. É uma forma de se aperfeiçoar as relações entre os estados-membros, dotando-os de igual condições de nivelamento de preços, por intermédio da tributação.

No entender do STF, o âmbito de aplicação desse princípio é o da relação entre as unidades federadas. O federalismo é um modelo político e institucional que se realiza, principalmente, nas relações tributárias. A guerra fiscal é um resultado direto de um federalismo predatório, que o princípio da uniformidade geográfica pretende enfrentar.

O objetivo da disposição constitucional é efetivamente a ordem interna no que se refere à relação entre as unidades federadas. O STF decidiu que esse princípio não se aplica na prestação de serviços de transporte aéreo de passageiros, seja intermunicipal, interestadual e internacional.[63]

Deve-se aplicar o princípio da uniformidade geográfica no contexto da disposição do art. 3º da Constituição, no sentido de que se deva atentar também para a redução das desigualdades regionais e de desenvolvimento nacional. Benefícios fiscais, nesse sentido, não podem resultar em incidências tributárias de privilégio geográfico, ainda que sua concessão seja ato discricionário, fundado em juízo de conveniência e oportunidade do poder público, cujo controle é vedado ao Judiciário.[64]

---

[63]. ADI nº 1.600, Rel. Min. Sydney Sanches, j. 26.11.2001, *DJ* 20.6.2003.
[64]. AI 630.997 AgR, Rel. Min. Eros Grau, j. 24.4.2007, 2ª Turma, *DJ* 18.5.2007; RE 344.331, Rel. Min. Ellen Gracie, j. 11.2.2003, 1ª Turma, *DJ* 14.3.2003.

4

As imunidades tributárias

A imunidade tributária consiste em reserva constitucional de limitação de competência. Trata-se de vetor de não incidência, constitucionalmente qualificado. Decorre da Constituição. Nesse sentido, sua alteração depende, efetivamente, de emenda constitucional. Ainda que seus efeitos práticos se assemelhem aos efeitos da isenção, conta com regime jurídico próprio. De tal modo, a Constituição qualifica e define a imunidade, do mesmo modo que a lei qualifica a isenção e o decreto a alíquota-zero.

Tem-se a imunidade subjetiva quando dirigida diretamente a um determinado sujeito, geralmente pessoa jurídica. E é objetiva quando socorre a um determinado fato. Ilustra-se a imunidade subjetiva com a imunidade que alcança as Igrejas. Ilustra-se a imunidade objetiva a que alcança o papel destinado a impressão de livros e jornais.

A teoria das imunidades contempla a imunidade dos templos religiosos, a imunidade recíproca, a imunidade de imprensa, a imunidade musical, a imunidade dos partidos políticos, dos sindicatos de empregados, das instituições de educação e das entidades de assistência social. A imunidade se aplica somente aos impostos, não alcançando as demais espécies tributárias. Não há imunidade tributária de taxas e de contribuições.

Primeiramente, vai se apresentar a imunidade tributária dos templos de qualquer culto, em virtude das inúmeras decisões judiciais que acompanham a matéria. Em seguida, trataremos das demais espécies de imunidades tributárias.

4.1 A imunidade dos templos de qualquer culto

A imunidade tributária de impostos dos templos de qualquer culto é disposição constitucional que tem por objetivo garantir o direito fundamental de crença religiosa, sua inviolabilidade, seu livre exercício, com a garantia de proteção aos locais de culto e suas liturgias, uma das expressões mais relevantes da dignidade da pessoa humana, enquanto princípio constitucional estruturante.

A jurisprudência vem oscilando na aplicação dessa orientação. Avança uma agenda mais ampliativa quando reconhece, por exemplo, a imunidade do IPTU em relação a imóveis locados a terceiros, ou de cemitérios vinculados a entidades religiosas, ou ainda quando fixa que o ônus da prova do direito à imunidade é do Poder Público, e não da entidade religiosa.

Hesita, quando trata distintamente casos de usufruto e de propriedade nua. Mostra-se restritiva, quando não avança para o campo das taxas, o que qualificaria uma mutação constitucional já verificada em outros campos, inclusive em âmbito fiscal, a exemplo da imunidade dos Correios e da Infraero, ainda que não se tenha fundamentação constitucional para tal, do ponto de vista da estrita literalidade.

Há um pano de fundo de compreensão estrita, a exemplo da imunidade dos templos da maçonaria, que o STF não reconheceu. A imunidade tributária dos templos, relativa ao IPTU, é assunto recorrentemente debatido nos tribunais, ensejador de caudalosa jurisprudência. Sobre esse assunto, talvez o mais polêmico na matéria, o STF baixou a Súmula Vinculante nº 52, fixando que a referida imunidade precisa ser reconhecida, ainda que os imóveis sejam alugados a terceiros.

Deve-se, no entanto, no teor desta Súmula, se comprovar que os valores de aluguéis recebidos sejam aplicados no contexto das atividades essenciais das entidades religiosas detentoras da imunidade, tal como previsto na Constituição.[1] O STF manteve entendimento anterior, da Súmula nº 724, que tratava do mesmo assunto.

Há um caso paradigmático, do qual depois se afastou, no qual o STF consagrou uma interpretação restritiva da regra de imunidade, interpretando-a à luz do art. 19 da Constituição Federal, que proíbe que o Estado subvencione igrejas e cultos religiosos, no contexto de um princípio de neutralidade confessional. Presentemente, entende-se que imunidade dos templos não alcança somente os prédios destinados ao culto, mas tudo que se relacione com as finalidades essenciais das atividades das instituições religiosas.[2]

Ao longo dos anos, a imunidade tributária relativa aos templos de qualquer culto beneficiava tão somente a entidade religiosa que fosse a efetiva proprietária do edifício no qual os cultos eram professados. Criava-se uma situação de iniquidade, na medida em que havia incidência de IPTU, por exemplo,

---

[1]. STF, Súmula Vinculante nº 52: "Ainda quando alugado a terceiros, permanece imune ao IPTU o imóvel pertencente a qualquer das entidades referidas pelo art. 150, VI, c, da Constituição Federal, desde que o valor dos aluguéis seja aplicado nas atividades para as quais tais entidades foram constituídas".

[2]. STF, RE 325.822/SP, relator para o acórdão Gilmar Mendes, julgado em 18.12.2002.

de pequenos grupos religiosos, que não eram proprietários dos locais onde as cerimônias eram realizadas.

Eram grupos que locavam casas ou prédios, e que por força do disposto em contrato de locação deveriam recolher o IPTU incidente sobre o imóvel, ainda que essa cláusula não pudesse ser oposta ao Fisco. Alguns grupos religiosos economicamente mais portentosos também se submetiam a essa situação, que decorria do fato de que não havia a propriedade efetiva do imóvel.

A Emenda Constitucional nº 116/2022 enfrentou e resolveu esse problema, acrescentando o § 1º-A ao art. 156 da Constituição Federal. Nesse sentido, dispôs-se que não há incidência de IPTU sobre templos de qualquer culto, ainda que a entidade religiosa beneficiária seja tão somente locatária (e não proprietária) do imóvel no qual a Igreja exerça suas atividades.

O STF também entendeu que cemitérios se qualificavam como extensões de entidades religiosas, e que a dedicação exclusiva à realização de serviços religiosos e funerários justificaria o reconhecimento da imunidade ao IPTU. Na origem da discussão, uma execução fiscal na qual o juízo fora garantido mediante a penhora do terreno do cemitério, cuja administração resistia à cobrança do imposto, invocando imunidade, no argumento de que o local era substancialmente um local de culto religioso.

A decisão do STF se amparou nas disposições constitucionais alusivas à liberdade de crença e de culto, bem como na proteção aos locais de culto e respectivas liturgias. Realçou-se na decisão, no entanto, que a imunidade não atinge cemitérios comerciais, ainda que se tenha alargado a concepção de templos, locais de práticas religiosas, que também podem ser efetivadas em cemitérios.

Não obstante a Súmula do STF, percebe-se a repetição de discussões em torno da imunidade tributária dos cemitérios. O Tribunal de Justiça do Estado de São Paulo enfrentou a questão, decidindo em favor de uma Associação de Cemitérios Protestantes, no argumento de que cemitérios que funcionem como extensões de entidades religiosas são imunes à incidência do IPTU, destacando que o benefício não seria aplicável apenas se a destinação do imóvel divergisse das finalidades essenciais da entidade.[3]

Além do que, no contexto da decisão, enfatizou-se que a demonstração dessa condição não é ônus da entidade à qual se aplica a regra imunizante. Em outras palavras, a presunção do vínculo com as atividades essenciais da interessada milita a seu favor. Em outra discussão, o STF já havia definido que "não cabe à entidade religiosa demonstrar que utiliza o bem de acordo com suas finalidades institucionais (...) cabe à Administração tributária demonstrar a eventual tredestinação do bem gravado pela imunidade".[4] O ônus da prova é de quem cobra o tributo, e não de quem invoca imunidade para não o pagar.

O STJ apresenta entendimento idêntico, decidindo pela presunção em favor da destinação institucional do templo gerador de suposto débito em face do qual incidiria a regra imunizadora.[5] Decidiu-se também que "o registro do templo em dados cadastrais da Secretaria da Fazenda Pública dispensa o

---

[3.] Tribunal de Justiça do Estado de São Paulo. 18ª Câmara de Direito Público. Embargos infringentes 0112771-49.2006.8.26.0053-5000, relatada pelo Des. Roberto Martins de Souza.

[4.] STF, 1ª Turma, Agravo regimental no recurso extraordinário com agravo 800.395/ES, relatado pelo Min. Roberto Barroso, julgamento em 28.10.2014.

[5.] STJ, 2ª Turma, Agravo regimental no recurso especial 417.964/ES. Relatado pelo Min. Herman Benjamin. Decisão de 11.3.2014.

contribuinte do prévio reconhecimento administrativo da imunidade tributária pelo órgão fazendário competente"[6].

A Administração Tributária, em princípio, detém os dados cadastrais dos imóveis que estão sob sua jurisdição, pelo que é presunção de que detenha as informações de que precisaria, para lançar ou para reconhecer a imunidade.

A entidade mantenedora do cemitério que discutiu a cobrança era uma associação civil e religiosa, que comprovou atuar sem fins lucrativos, com culto protestante que é professado em suas instalações. Assim, o cemitério, formado pelos jazigos e pela capela, seria extensão do templo religioso, pelo que titular da imunidade tributária prevista na Constituição.

Explicitou-se também que não há proibição de obtenção de lucro, por parte dos cemitérios que se encontrem na mesma condição do demandante. Os lucros eventualmente obtidos devem ser revertidos para a Associação, e aplicados em suas atividades essenciais.

Várias decisões em assuntos muito específicos revelam uma rica casuística no tema. Por exemplo, decidiu-se que o fato de os imóveis serem utilizados como escritório e residência dos membros da entidade religiosa não afasta o reconhecimento da imunidade.[7] Decisões de Tribunais originários são no mais das vezes mantidas, como resultado da incidência da Súmula nº 279 do STF, que inviabiliza o revolvimento fático e probatório da questão em sede de recurso extraordinário.[8]

[6.] STJ, Agravo regimental no recurso especial 807.345/DF. Relatado pelo Min. Mauro Campbell Marques, julgamento em 4.2.2014.
[7.] STF, 1ª Turma, Agravo regimental no recurso extraordinário com agravo 895.972/RJ, Rel. Min. Roberto Barroso, julgamento em 2.2.2016.
[8.] STF, 2ª Turma, Agravo regimental no recurso extraordinário com agravo 898.896/RJ, relatado pelo Min. Dias Toffoli, julgamento em 27.10.2015.

Isto é,

a imunidade do IPTU deferida aos templos de qualquer culto, quando controversa a comprovação da finalidade do imóvel, não enseja o cabimento do recurso extraordinário, por demandar a análise da legislação infraconstitucional, bem como, a incursão no acervo prático-probatório dos autos.[9]

De igual modo, o Superior Tribunal de Justiça decide da mesma forma, invocando a Súmula n° 7, recusando o revolvimento de matéria fática, em sede de recurso especial.[10] A Súmula n° 7 do STJ é um dos princípios obstáculos para a subida de recursos para esse Tribunal.

Objetivamente, não há necessidade de efetiva construção de templo no terreno tributável, sufragando-se a imunidade do terreno, no qual são realizados cultos ao ar livre.[11]

Discutiu-se também se entidade religiosa usufrutuária de bem imóvel poderia se valer da imunidade fiscal prevista na Constituição.[12] Registrou-se na ementa desse acórdão, no entanto, que "o caráter transitório do usufruto faz com que o usufrutuário não detenha a propriedade plena do bem, que continua a pertencer a pessoa física que o instituiu, o que impede que seja reconhecida a imunidade tributária em favor da usufrutuária".

[9.] STF, 1ª Turma, Agravo regimental no recurso extraordinário com agravo 898.896/RJ, relatado pelo Min. Luiz Fux, julgamento em 18.11.2014.
[10.] STJ, 1ª Turma, Agravo regimental no recurso especial 1.483.393/DF. Relatado por Regina Helena Costa, julgamento em 3.11.2015.
[11.] STF, Agravo regimental no recurso extraordinário com agravo 939.084/SP, relatado pelo Min. Roberto Barroso, julgamento em 2.2.2016.
[12.] STJ, Recurso Especial 1.483.393/DF, relatado pela Min. Helena Costa, decisão publicada em 7.10.2015.

Por outro lado, o STJ manteve decisão do Tribunal de Justiça do Distrito Federal, que reconheceu imunidade de instituição religiosa, na qualidade de nu-proprietária, com reserva de usufruto.[13] Desse modo, a nu-proprietária, que detém a propriedade e a posse indireta, possui imunidade tributária, na hipótese de ser entidade religiosa e, a mesma entidade, na hipótese de ser usufrutuária, detendo a posse direta, e não a propriedade plena, não gozaria do benefício da imunidade fiscal. Ainda que distintas as duas situações, no contexto do Direito Privado, a solução jurisprudencial parece penalizar a usufrutuária, em situação fática que alcança positivamente a nu-proprietária.

A imunidade fiscal das entidades religiosas, relativas a imóveis locados, é objeto de Proposta de Emenda à Constituição,[14] centrada no argumento de que as igrejas economicamente hipossuficientes têm dificuldade em usufruir do benefício, porque não são proprietárias dos imóveis nos quais há seus templos.

A jurisprudência é refratária a essa tese, forte em regra do CTN, que dispõe que as convenções particulares não podem ser opostas ao Fisco, nos termos de seu art. 123. Além do que, o art. 34 do CTN dispõe que o sujeito passivo tributário do IPTU é o proprietário do imóvel. É esse o comando legal que norteou entendimento do STJ, que provocado a se manifestar sobre o assunto não reconheceu a legitimidade ativa de entidade religiosa locatária de imóvel no qual se localiza seu templo, em tema de IPTU.[15]

[13.] STJ, REsp 1.469.058/DF, Rel. Min. Sergio Kukina, decisão publicada em 15.5.2015.
[14.] PEC nº 133/2015.
[15.] STJ, Agravo 1.229.164, Rel. Min. Hamilton Carvalhido, decisão de 20.11.2009. A agravante era a Igreja Bíblica da Paz.

Discutiu-se também sobre o reconhecimento de imunidade relativa a imóvel anexo ao templo, em que se realizam atividades sociais da entidade religiosa.[16] O Tribunal afirmou, nessa ocasião, que

> a imunidade consiste em norma negativa de competência tributária constitucionalmente qualificada, afastando a tributação nas bases que estipular (...) trata-se de garantia da liberdade de crença e prática religiosa (...) uma vez que a exigência do pagamento de impostos apresentaria um óbice a dificultar o exercício da religião.

Os imóveis eram contíguos: num deles eram realizados os cultos, no outro, realizavam-se atividades sociais e de apoio ao culto, bem como atividades de assistência social.

O Tribunal entendeu também que atividades sociais são empenhadas como atos dos cultos, propagando valores, como a solidariedade e a ajuda ao próximo. A decisão além disso sublinha que eventos e comemorações de datas religiosas são "contemplação dos ideais da religião", o que justificou decisão no sentido de que o patrimônio em apreço se relacionava com os fins essenciais da entidade religiosa demandante.

Em sentido substancialmente contrário, decisão do mesmo STJ, que não reconheceu imunidade tributária para imóvel destinado para o veraneio de abades.[17] A demandante, ao que consta atuando no Brasil desde 1950, pretendia o reconhecimento de imunidade em imóvel no qual se organizavam retiros espirituais de seus membros eclesiásticos. O Tribunal decidiu

---

[16] STJ, Agravo em recurso especial 671.921/RJ, Rel. Min. Assusete Magalhães. Decisão publicada em 6.4.2015.
[17] STJ, Agravo em recurso especial 178.244/SP, Rel. Min. Regina Helena Costa. Decisão publicada em 20.11.2014.

que "a prática de retiro espiritual não tem o cunho assistencial, educacional e cultural inerente (...)". Isto é, a atividade vinculada às finalidades institucionais de entidades religiosas é revelada de um fático, no qual os objetivos centrais de uma Igreja ou culta devam estar bem demonstrados.

O tema da imunidade dos templos ainda foi discutido em mandado de segurança impetrado em face de ato do Inspetor da Receita Federal em Santos, que pretendia lançar Imposto de Importação (II) e Imposto sobre Produtos Industrializados (IPI), incidente sobre pedras que entidade religiosa importou de Israel para a construção de um templo, na cidade de São Paulo.

A questão subiu para o Tribunal Regional Federal da 3ª Região, que decidiu que a situação fática sugeria clara hipótese de imunidade, tal como prevista na Constituição.[18] As pedras, consideradas sagradas, provenientes da cidade de Hebron, em Israel, eram destinadas à construção do mencionado templo, de proporções grandiosas, "com a finalidade de aproximar os fiéis da história bíblica e propiciar contato espiritual", conforme se lê na ementa do mencionado julgado, que entendeu ser incontroversa a incidência da norma constitucional.

A isenção de Imposto de Importação em favor de Igrejas demanda que as entidades religiosas importadoras demonstrem efetivamente que os bens importados digam respeito a suas finalidades essenciais, o que deve ser feito no juízo de origem, sob pena de incidência da já referida Súmula nº 7 do STJ, que veda reexame de prova em sede de recurso.[19]

Outro ponto sobre a teoria da imunidade tributária que suscitou discussão é pertinente a retroatividade da regra

---

[18.] TRF 3ª Região, Acórdão 11273-2014, relatado pelo Des. Federal Andre Nabarette.
[19.] STJ, Agravo em Recurso Especial 113.880, Rel. Min. Hermann Benjamin, decisão publicada em 8.3.2012.

imunizadora. O STJ manteve a decisão recorrida, negando provimento ao recurso especial, no qual a recorrente, entidade religiosa, pretendia o reconhecimento de imunidade em relação a exercício financeiro anterior a aquisição do imóvel, de sua titularidade.[20] Ainda que a matéria se desdobrasse também em torno da discussão de conjunto probatório, entendeu-se pela irretroatividade do alcance da imunidade tributária das entidades religiosas.

Há movimentação presente no sentido de se ampliar o conteúdo da imunidade constitucional aos cultos de religiosos, em matéria fiscal, para o campo das taxas. Tem-se registro dessa pretensão, rechaçada pelo STJ, em ação na qual entidade religiosa pretendia isenção de custas judiciais, forte no argumento de que a dispensa do **mais** (imunidade total de impostos) significaria a franquia do **menos** (taxas, na modalidade de custas processuais).[21]

No contexto dessa espécie tributária há também registros de pretensão de alcance de imunidade para taxas de resíduos sólidos, também indeferida pelo STJ que, no entanto, reconheceu, neste caso, imunidade de IPTU.[22]

A sujeição de entidades religiosas às taxas também foi enfatizada em relação à incidência de taxas municipais em relação a imóveis utilizados para fins religiosos.[23]

De igual modo, pretensão de reconhecimento da imunidade da Taxa de Coleta de Lixo e Limpeza Pública e Taxa de Iluminação Pública, relativo a imóvel de Igreja, no qual se

---

[20] STJ, REsp 1.153.549/PR, Rel. Min. Hamilton Carvalhido, decisão publicada em 10.12.2009.
[21] STJ, REsp 1.461.335, Rel. Min. Raul Araújo, decisão publicada em 10.11.2015.
[22] STJ, Agravo de Instrumento em Recurso Especial 784.962, Rel. Min. Hermann Benjamin, decisão publicada em 9.11.2015.
[23] STJ, Agravo 1100132, Rel. Min. Hermann Benjamin, decisão publicada em 17.8.2009.

prestava serviço social, de recuperação de vício e mendicância. Ainda que o Tribunal não tenha apreciado o mérito, por força de inexistência de pré-questionamento, resultou da decisão a manutenção da decisão recorrida, que apenas reconheceu imunidade ao IPTU.[24]

O Tribunal de Justiça no Estado do Mato Grosso do Sul decidiu que a imunidade tributária prevista na Constituição não pode ser estendida ao ICMS, incidente sobre CDs religiosos adquiridos, forte na compreensão de que tais produtos não são considerados indispensáveis às atividades da Igreja.[25]

Na origem, uma ação anulatória de débito fiscal, cuja premissa decorria da afirmação de que os CDs evangélicos colaborariam com a atividade religiosa da Igreja insurgente. Justificou-se a grande quantidade de CDs adquiridos com o fato de que a Igreja conta com grande número de fiéis, em todo o país; além do que, insistiram, os CDs não seriam comercializados. O Tribunal entendeu que a aquisição de 6.000 CDs não se ajustava ao conceito de atividade essencial de **templo e culto religioso**, mantendo, assim, a decisão recorrida.

Também em tema de ICMS, ainda que ordinariamente no aspecto de isenção, e não de imunidade, o STF decidiu pela constitucionalidade de lei paranaense que dispensava as igrejas, naquela unidade federada, do recolhimento do ICMS incidente sobre o fornecimento de água, esgoto sanitário e energia elétrica.[26]

[24.] STJ, REsp 944.722, Rel. Min. Francisco Falcão, decisão publicada em 1°.8.2007.
[25.] TJ-MS, 5ª Câmara Cível, Apelação 0023112-39.2010.8.12.2001, Campo Grande, relatada pelo Des. Júlio Roberto Siqueira Cardoso, decisão de 13.2.2014.
[26.] STF, ADI n° 5421, Rel. Min. Marco Aurélio, decisão de 5.5.2010.

O requerente invocou que as entidades religiosas beneficiárias da norma questionada[27] não se qualificavam como contribuintes **de direito** do ICMS, pelo que, na qualidade de contribuintes **de fato**, não poderiam ser alcançadas pela norma de isenção. Argumentou-se também que isenção de ICMS demandaria autorização do Conselho Nacional de Política Fazendária (Confaz), sob pena de absoluta nulidade.

O STF entendeu que a situação não ensejava **guerra fiscal**, justificativa de interferência do Confaz. Além do que, o beneficiário seria, efetivamente, contribuinte de fato, detentor de uma especificidade muito própria, que o imunizaria da incidência de impostos, a exemplo do ICMS.

A imunidade tributária de entidade religiosa em relação ao ICMS incidente sobre conta de prestação de serviços de telefonia também foi matéria apreciada pelo STJ.[28] O Tribunal de origem havia decidido em favor da entidade religiosa, no sentido de que a regra de imunidade seria norma proibitiva autoaplicável, que deteria eficácia plena e que não exigiria regulamentação. Determinou-se, na origem, a devolução dos valores recolhidos, fixando-se o entendimento de que bastaria a comprovação do registro de contas em nome da entidade religiosa, para que se reconhecesse a imunidade.

A recorrente, empresa do ramo telefônico, argumentou, entre outros, que o benefício – se houvesse – decorreria de lei estadual, pelo que o caso seria de isenção, e não de imunidade, direito cujo gozo exigiria o cumprimento de vários requisitos legais. Além do que, a recorrida não possuía legitimidade para

---

[27.] Lei estadual nº 14.586/2004.
[28.] STJ, REsp 1.204.396/RJ, Rel. Min. Herman Benjamin, decisão publicada em 25.10.2010.

discutir a incidência e o lançamento do imposto, já que era contribuinte de fato, e não de direito.

O STJ manteve entendimento sedimentado em decisão de recurso repetitivo, no sentido de que apenas o contribuinte de direito tem legitimidade ativa para discutir a cobrança de tributos indiretos. Assim, o Tribunal se limitou a reconhecer a ilegitimidade da entidade religiosa, extinguindo o processo, sem julgamento de mérito, dando provimento ao recurso especial.

Especialmente no caso da impossibilidade de reconhecimento de imunidade relativa ao ICMS incidente na energia elétrica, é firme a posição do STJ que reconhece que "contribuintes de ICMS são as empresas fornecedoras de energia elétrica e de serviços de comunicação, e não a instituição religiosa que os adquire".[29] Vinga a tese já sedimentada em nossos tribunais, no sentido de que o contribuinte de fato não detém legitimidade para repetir indébito de tributo indireto.

A compreensão exata do que seria um **templo** ou um **culto religioso**, para efeitos de reconhecimento de imunidade tributária, envolve, entre outros, discussões sobre a possibilidade de a Maçonaria deter (ou não) a referida imunidade. O STF discutiu esse problema.[30]

Realçou-se que liberdades devem ser interpretadas extensivamente e que imunidades devem ser interpretadas restritivamente. Por outro lado, reconhecendo que a Maçonaria deveria ser alcançada e beneficiada pela imunidade religiosa tal como prevista na Constituição, enfatizou-se que não há no texto constitucional restrição da imunidade a uma prática religiosa enquanto tal, mas sim o reconhecimento de que se tenha um templo, de

---

[29] STJ, 1ª Seção, Recurso ordinário em mandado de segurança 22.582/CE, Rel. Min. Herman Benjamin, julgamento em 10.2.2010.
[30] STF, RE 562.351/RS, Rel. Min. Ricardo Lewandowski.

qualquer culto. Por isso, indagou se a Maçonaria, ainda que não definida como religião, poderia, pelo menos, ser entendida como uma prática que expressa religiosidade e, por consequência, designada como culto, deteria o favor da regra imunizadora.

A posição do STF foi confirmada em outros casos, quando se consignou, por exemplo, que "a imunidade tributária (...) é restrita aos templos de qualquer culto religioso, não se aplicando à maçonaria, em cujas lojas não se professa qualquer religião".[31]

Em outra ocasião, o STF sustentou decisão recorrida que definia que "a maçonaria não é uma sociedade de cunho religioso e suas lojas não guardam conotação de templo contida no texto constitucional, não fazendo jus, portanto, à imunidade (...)".[32]

É com base nos estatutos das várias lojas maçônicas, cujas origens e desenvolvimento se desdobram na finalidade de aperfeiçoar moral e espiritualmente o ser humano, sem distinção de raça e credo, que o Judiciário afastou a regra imunizante, não reconhecendo **templo** ou **culto** nas lojas maçônicas que pretendiam a imunidade.[33]

A imunidade fiscal dos templos religiosos também atinge os locais nos quais se tenha a prática do kardecismo. O STJ julgou um agravo de instrumento no qual o pano de fundo era uma execução fiscal na qual uma Prefeitura pretendia cobrar IPTU de um centro espírita.[34] O Tribunal não se pronunciou

---

[31] STF, Recurso extraordinário com agravo 790.299/SP, Rel. Min. Gilmar Mendes, julgamento em 6.3.2014.
[32] STF, RE 632.800/AM, Rel. Min. Cármen Lúcia, julgamento em 25.11.2010.
[33] STJ, Agravo em recurso especial 43.425/RN, Rel. Min. Benedito Gonçalves, decisão publicada em 24.5.2012.
[34] STJ, Agravo 1.347.007, Rel. Min. Ministro Humberto Martins, decisão publicada em 5.11.2010.

objetivamente sobre o mérito, dado que o crédito então em cobrança não atingia o valor de alçada justificativo do duplo grau de jurisdição.

Manteve-se, assim, a decisão recorrida, a qual reconheceu que templos religiosos, sem fins lucrativos, cujas rendas sejam revertidas para o desenvolvimento de suas finalidades fazem jus à imunidade, pelo que foi desconstituída a certidão de dívida ativa que aparelhava a execução.

Havia farta documentação dando conta que a executada era uma sociedade civil, que tinha por objeto o estudo e a difusão da doutrina espírita, bem como a prática da caridade, no contexto dos princípios codificados por Allan Kardec.

A receita da instituição provinha de mensalidades, doações, subvenções, dádivas em dinheiro ou em valores. Constatou-se também que uma lei estadual havia declarado a executada como uma instituição de utilidade pública, bem como havia parecer da Procuradoria do Município exequente que havia conferido à executada a imunidade tributária discutida.

De igual modo, a imunidade tributária também atinge os templos, terreiros e centros de umbanda, bem como as casas, roças e terreiros de candomblé. O objetivo da imunidade é a garantia do livre exercício da liberdade religiosa, que não pode ser restrita às formalidades materiais de templos destinados exclusivamente para a prática religiosa.

Na eventualidade da prática de religiões de origem afro em residências não pode o poder público negar a imunidade, o que revelaria odiosa restrição à liberdade religiosa, a ser corrigida com rigor pelo Poder Judiciário. O que se verifica é o reconhecimento da imunidade, por meio de atos declaratórios, baixados pelas autoridades fiscais.

Nesse contexto, o Tribunal de Justiça do Distrito Federal apreciou recurso em execução fiscal para cobrança de IPTU.[35] Constatou-se perda do objeto, ainda no curso da execução, porquanto a Secretaria da Fazenda expediu ato declaratório reconhecendo retroativamente a imunidade tributária do imóvel sobre o qual incidia a pretensão de cobrança.

Registre-se que em primeira instância se reconheceu a imunidade tributária do imóvel com condenação para pagamento de custas e honorários, em desfavor da exequente. A executada reconheceu que devia a taxa de limpeza pública, não alcançada pela imunidade, inclusive requerendo a atualização de valores, para pronto pagamento.

A imunidade tributária dos templos de qualquer culto é conquista democrática que prestigia a dignidade da pessoa humana, garantindo o direito fundamental de crença religiosa. Ainda que se possa argumentar que no contexto de repartição do ônus do Estado os ateus e os agnósticos seriam abstratamente sacrificados pela regra imunizante, deve-se reconhecer, de um ponto de vista prospectivo, que não se pode dissociar a imunidade fiscal do livre exercício da fé.

Ainda há desafios a espera de uma solução que contemple de modo amplo e irreversível a fórmula da imunidade, a exemplo de questões referentes ao usufruto, às Igrejas que celebram contrato de locação na qualidade de locatárias, ao pleno e absoluto reconhecimento do espaço de prática de religiões afro-brasileiras, além, de um modo mais ousado, de alguma expectativa referente à ampliação do favor hoje referente a impostos, para taxas e demais espécies tributárias, por via

---

35. TJDFT, 2ª Turma Cível, Apelação 2001.01.1.034097-0.

de interpretação extensiva e ampliativa do texto constitucional vigente.

4.2 A imunidade tributária recíproca

A imunidade tributária recíproca é previsão que já constava na Constituição de 1891, que dispunha que era proibido aos Estados tributar bens e rendas federais, ou serviços a cargo da União, e reciprocamente (art. 10). Na Constituição de 1988, o assunto é tratado no art. 150, VI, *a*, que dispõe que sem prejuízo de outras garantias asseguradas ao contribuinte, é vedado à União, aos Estados, ao Distrito Federal e aos Municípios instituir impostos sobre patrimônio, renda ou serviços, uns dos outros.

A regra imunizante se refere tão somente aos impostos, não alcançando as demais espécies tributárias. De acordo com a jurisprudência do STF, o princípio da imunidade tributária recíproca, ainda que se discuta a sua aplicabilidade a outros tributos, que não os impostos, não pode ser invocado na hipótese de contribuições previdenciárias.[36]

De acordo com jurisprudência do STF, a imunidade tributária recíproca, prevista no art. 150, VI, *a*, da CF – extensiva às autarquias e fundações públicas –, tem aplicabilidade restrita a impostos, não se estendendo, em consequência, a outras espécies tributárias, a exemplo das contribuições sociais.[37]

O tema da imunidade tributária recíproca se revela no contexto da discussão de muitos problemas concretos. Essas discussões remontam a 1993, quando se discutiu a Emenda

---

[36.] ADI nº 2.024, Rel. Min. Sepúlveda Pertence, j. 3.5.2007, *DJ* 22.6.2007.
[37.] RE 831.381 AgR-AgR, Rel. Min. Roberto Barroso, j. 9.3.2018, 1ª Turma, *DJe* 21.3.2018.

Constitucional nº 3, que instituía um Imposto Provisório sobre Movimentações Financeiras (IPMF).

O STF entendeu que aquele imposto provisório era inconstitucional também porque violou o princípio da imunidade tributária recíproca e que é garantia da Federação (art. 60, § 4º, I, e art. 150, VI, *a*, da CF). Tem-se nesse princípio, indiretamente, e nesse caso, por conta do federalismo, a natureza de cláusula pétrea.[38]

Discutiu-se também se essa imunidade alcançaria, ou não, bem imóvel de propriedade da União cedido a empresa privada que explore atividade econômica. Entendeu o STF que se mostrava inequívoco ser o imóvel da União empregado, por particular, em atividade de fins exclusivamente privados e com intuito lucrativo. Nesse sentido, a imunidade não alcançaria esse imóvel, fixando-se tese dando conta de que incide o IPTU em imóvel de pessoa jurídica de direito público cedido a pessoa jurídica de direito privado, devedora do tributo.[39]

De igual modo, a imunidade recíproca alcançaria sociedade de economia mista arrendatária de terreno localizado em área portuária pertencente à União. Entendeu-se, a exemplo do observado acima, que era inequívoco ser o imóvel da União empregado em atividade de sociedade de economia mista que atua no mercado com fins lucrativos.[40] Assim, não haveria base para justificar o gozo de imunidade, nessas condições.

No tema das imunidades, o STF protagonizou exemplo emblemático de mutação constitucional, quando se modifica a Constituição mediante interpretação. É o caso da Empresa

---

[38] ADI nº 939, Rel. Min. Sydney Sanches, j. 15.12.1993, *DJ* 18.3.1994.
[39] RE 601.720, voto do Rel. p/ o ac. Min. Marco Aurélio, j. 19.4.2017, *DJe* 5.9.2017.
[40] RE 594.015, voto do Rel. Min. Marco Aurélio, j. 6.4.2017, *DJe* 25.8.2017.

Brasileira de Correios e Telégrafos (EBCT), que não é autarquia e nem fundação, mas que teve reconhecida a imunidade recíproca. O STF reconheceu que há peculiaridades do serviço postal. Entendeu-se a relevância do exercício de atividades em regime de exclusividade e em concorrência com particulares.

De acordo com o STF, as empresas públicas prestadoras de serviço público se distinguem das que exercem atividade econômica. O Correio é prestador de serviço público de responsabilidade obrigatória e exclusiva do Estado, motivo por que está abrangido pela imunidade tributária recíproca.[41]

Segundo o STF, o transporte de encomendas estaria inserido no rol das atividades desempenhadas pela ECT, que deve cumprir o encargo de alcançar todos os lugares do Brasil, não importa se pequenos ou subdesenvolvidos. Essa capilaridade justificaria o reconhecimento da imunidade.

Nos termos dessa decisão, verificou-se que

> não há comprometimento do *status* de empresa pública prestadora de serviços essenciais por conta do exercício da atividade de transporte de encomendas, de modo que essa atividade constitui *conditio sine qua non* para a viabilidade de um serviço postal contínuo, universal e de preços módicos.[42]

Em outro julgado, no mesmo tema, o STF reconheceu cisão estabelecida entre prestadoras de serviço público e exploradoras de atividade econômica. Enfatizou-se que o STF sempre concebeu a ECT como uma empresa prestadora de serviços

---

[41] RE 407.099, Rel. Min. Carlos Velloso, j. 22.6.2004, 2ª Turma, DJ 6.8.2004; RE 601.392, Rel. p/ o ac. Min. Gilmar Mendes, j. 28.2.2013, DJe 5.6.2013.
[42] RE 627.051, Rel. Min. Dias Toffoli, j. 12.11.2014, DJe 11.2.2015; RE 601.392, Rel. p/ o ac. Min. Gilmar Mendes, j. 28.2.2013, DJe 5.6.2013.

públicos de prestação obrigatória e exclusiva do Estado. A imunidade recíproca prevista no art. 150, VI, *a*, da Constituição alcançaria o IPTU que incidiria sobre os imóveis de propriedade da ECT e por ela utilizados.

Segundo o STF, não se pode estabelecer, *a priori*, qualquer distinção entre os imóveis afetados ao serviço postal e aqueles afetados à atividade econômica. Há dúvidas quanto a extensão da imunidade em nome da integração nacional, mas a imunidade deve ser reconhecida.[43] As decisões proferidas na questão dos Correios centram-se nas peculiaridades dos serviços prestados.

A discussão atingiu a Empresa Brasileira de Infraestrutura Aeroportuária (Infraero), na qualidade de empresa pública prestadora de serviço público. O STF também estendeu a imunidade recíproca nesse caso.[44] De igual modo, quanto às sociedades de economia mista prestadoras de ações e serviços de saúde, cujo capital social seja majoritariamente estatal.[45]

Há também o caso da OAB. Entende o STF que se trata de imunidade recíproca, na medida em que a entidade desempenha atividade própria de Estado. Trata-se da defesa da Constituição, da ordem jurídica do Estado Democrático de Direito, dos direitos humanos, da justiça social, bem como a seleção e controle disciplinar dos advogados, conforme o STF entendeu.[46] No entanto, decidiu-se também que a imunidade tributária recíproca alcança apenas as finalidades essenciais da entidade protegida.

[43.] RE 773.992, Rel. Min. Dias Toffoli, j. 15.10.2014, DJe 19.2.2015.
[44.] ARE 638.315 RG, voto do Rel. Min. Cezar Peluso, j. 9.6.2011, DJe 31.8.2011.
[45.] RE 580.264, Rel. p/ o ac. Min. Ayres Britto, j. 16.12.2010, DJe 6.10.2011.
[46.] RE 259.976 AgR, Rel. Min. Joaquim Barbosa, j. 23.3.2010, 2ª Turma, DJe 30.4.2010; RE 405.267, Rel. Min. Edson Fachin, j. 6.9.2018, DJe 18.10.2018.

De tal modo, e no âmbito desse mesmo julgado, o reconhecimento da imunidade tributária às operações financeiras não impediria a autoridade fiscal de examinar a correção do procedimento adotado pela entidade imune. É porque, se a autoridade fiscal constatar desvio de finalidade, tem poder-dever de constituir o crédito tributário e de tomar as demais medidas legais cabíveis.

A jurisprudência do STF tem ampliado o alcance da imunidade tributária recíproca. O caso das Caixas de Assistências dos Advogados ilustra essa amplitude. O STF entendeu que prestam serviço público delegado, caracterizando-se como entes públicos, não explorando atividades econômicas em sentido estrito, com propósitos lucrativos.

Aplicou-se a tutela normativa da imunidade recíproca prevista no art. 150, VI, *a*, do Texto Constitucional, tendo em vista a impossibilidade de se conceder tratamento tributário diferenciado a órgãos da OAB, de acordo com as finalidades que lhe são atribuídas por lei.[47]

A imunidade recíproca foi discutida também exaustivamente no contexto da CPMF, quando havia incidência em todas as movimentações financeiras. O STF julgou caso que envolvia a Escola de Magistratura de uma unidade federada, que fora criada por intermédio de Resolução do Tribunal de Justiça local.

Considerou-se que a escola era um órgão desconcentrado do Poder Judiciário, na exata forma prescrita na lei estadual que a criou. O STF entendeu que a escola era ente de natureza pública, sem personalidade jurídica própria, e, portanto,

---

[47] RE 405.267, Rel. Min. Edson Fachin, j. 6.9.2018, *DJe* 18.10.2018; RE 259.976 AgR, Rel. Min. Joaquim Barbosa, j. 23.3.2010, 2ª Turma, *DJe* 30.4.2010.

componente da unidade federada à qual pertencia. Era um órgão do Poder Judiciário local.

O STF frisou que a imunidade tributária recíproca não se aplicava às contribuições, aplicando-se somente aos impostos. Porém, como a lei que havia criado a CPMF afastava a cobrança em relação aos entes federados, instituindo hipótese legal de não incidência tributária, por analogia e extensão o STF não permitiu a cobrança da CPMF nessa hipótese.[48]

A Casa da Moeda do Brasil (CMB) conseguiu no STF as prerrogativas que foram deferidas ao Correio e a Infraero. Reconheceu-se que a CMB se trata de empresa governamental delegatária de serviços públicos. Emite papel moeda, cunha moeda metálica, fabrica fichas telefônicas e imprime selos postais em regime constitucional de monopólio (CF, art. 21, VII). Entendeu-se que a outorga de delegação à CMB, mediante lei, não descaracteriza a estatalidade do serviço público.

Enfatizou-se que se trata de serviço constitucionalmente monopolizado pela pessoa política (a União Federal, no caso) que é dele titular. Nesse sentido, decidiu o STF, a delegação da execução de serviço público, mediante outorga legal, não acarretaria alteração do regime jurídico de direito público. A premissa vale especialmente para o Direito Tributário. Desse modo, julgou o STF, deve-se permitir que a CMB, em matéria de impostos, utilize proteção constitucional fundada na garantia da imunidade tributária recíproca.[49]

Também nesse sentido, a jurisprudência do STF entende que a sociedade de economia mista prestadora de serviço

---

[48]. ACO 602, Rel. Min. Dias Toffoli, j. 6.6.2018, *DJe* 6.8.2018.
[49]. RE 610.517 AgR, Rel. Min. Celso de Mello, j. 3.6.2014, 2ª Turma, *DJe* 23.6.2014.

público de água e esgoto é abrangida pela imunidade tributária recíproca.[50]

De acordo com o STF, há vários aspectos que devem ser levados em conta com o objetivo de se caracterizar e comprovar a imunidade tributária recíproca.[51] O STF propôs um teste, que se desdobra em três passos, sem prejuízo do atendimento de outras normas constitucionais e legais.

Primeiramente, deve se levar em conta que a imunidade tributária recíproca se aplica à propriedade, bens e serviços utilizados na satisfação dos objetivos institucionais imanentes do ente federado, cuja tributação poderia colocar em risco a respectiva autonomia política. Assim, não se pode aplicar a regra de imunidade com resultado que reduzir o benefício a mero instrumento destinado a dar ao ente federado condições de contratar em circunstâncias mais vantajosas, independentemente do contexto. O ambiente no qual a atividade se desdobra deve ser avaliado.

De acordo com o STF, devem ser tributadas as atividades de exploração que se destinem a aumentar o patrimônio do Estado ou de particulares. Nesse caso, deve se levar em conta que há manifestações de riqueza, independentemente de aspectos de autonomia política, que é justamente o que visa a norma constitucional de imunização.

Outro ponto que o STF leva em conta é o fato de que a desoneração via imunidade não pode quebrar outros princípios constitucionais, a exemplo da livre concorrência e do

---

[50.] RE 631.309 AgR, Rel. Min. Ayres Britto, j. 27.3.2012, 2ª Turma, DJe 26.4.2012.
[51.] RE 253.472, Rel. p/ o Ac. Min. Joaquim Barbosa, j. 25.8.2010, P, DJe 1º.2.2011. RE 458.164 AgR, Rel. Min. Celso de Mello, j. 21.6.2011, 2ª Turma, DJe 23.8.2011. RE 253.394, Rel. Min. Ilmar Galvão, j. 26.11.2002, 1ª Turma, DJ 11.4.2003. AI 558.682 AgR, Rel. Min. Joaquim Barbosa, j. 29.5.2012, 2ª Turma, DJe 19.6.2012.

exercício de atividade profissional ou econômica lícita. A regra da imunidade deve ser lida também em relação à regra da livre concorrência.

A intervenção estatal, por intermédio da imunidade, não pode resultar em algum tipo de favor fiscal, que seja preponderante na formação dos preços e do regime de concorrência. A imunidade não pode ser reconhecida, fora dos casos estritamente previstos na Constituição, quando se tenha a quebra do equilíbrio concorrencial ou de livre-iniciativa.

O STF não estendeu a imunidade tributária recíproca para a Petrobras. Trata-se de sociedade de economia mista destinada à exploração econômica em benefício de seus acionistas, pessoas de direito público e privado.

A imunidade se vincula diretamente à salvaguarda de interesse público primário e relevante. No caso da Petrobras, entendeu o STF, tem-se a distribuição de lucros, o que revela capacidade contributiva que deve ser utilizada para a obtenção de recursos para os fins do Estado. Além do que, a tributação de atividade econômica lucrativa não implicaria risco ao pacto federativo.[52]

Quanto à relação entre os entes federados, o STF entende que, no caso dos municípios, a imunidade somente se aplica a imposto incidente sobre serviço, patrimônio ou renda do próprio Município. Solidificou-se jurisprudência no sentido de que o Município não seja contribuinte de direito do ICMS. E por não ser contribuinte de fato, é apenas quem repassa os valores, não pode se creditar, a título de imunidade recíproca.[53]

[52.] RE 285.716 AgR, Rel. Min. Joaquim Barbosa, j. 2.3.2010, 2ª Turma, DJe 26.3.2010.
[53.] AI 671.412 AgR, Rel. Min. Eros Grau, j. 1º.4.2008, 2ª Turma, DJe 25.4.2008. AI 736.607 AgR, Rel. Min. Ayres Britto, j. 16.8.2011, 2ª Turma, DJe 19.10.2011. AI 518.405 AgR, Rel. Min. Joaquim Barbosa, j. 6.4.2010, 2ª Turma, DJe 30.4.2010.

A municipalidade não pode cobrar impostos de imóveis que sejam compreendidos no conjunto dos integrantes do domínio da União. É o caso do acervo patrimonial do Porto de Santos, em face de quem o Município não pode cobrar o IPTU. No caso, é irrelevante o fato de que os bens estivessem ocupados por empresa delegatária de serviços portuários.[54]

Por fim, a imunidade tributária alcança os impostos, vedando incidência recíproca. Segundo o STF, descabe introduzir no preceito, como resultado de interpretação, exceção não contemplada, distinguindo os ganhos resultantes de operações financeiras.[55]

4.3 A imunidade de livros, jornais, periódicos e o papel destinado à sua impressão

Nos termos do art. 150, VI, *d*, da Constituição, são também imunes os livros, jornais, periódicos e o papel destinado à sua impressão. Inicialmente, interpretação literal sugere que a imunidade não atingiria somente o papel destinado à impressão. De acordo com uma leitura direta, a imunidade protege livros, jornais, periódicos, o que não significaria, tão somente, o papel.

Há vários insumos que são utilizados na composição desses meios de expressão, pelo que limitá-los a apenas o papel teria como resultado um distanciamento para com a norma. É razoável que se interprete que o objetivo da imunidade, nesse caso, seja o direito à cultural.

---

[54] RE 253.394, Rel. Min. Ilmar Galvão, j. 26.11.2002, 1ª Turma, *DJ* 11.4.2003; RE 457.643 AgR, Rel. Min. Ricardo Lewandowski, j. 9.11.2010, 1ª Turma, *DJe* 30.11.2010; RE 253.472, Rel. p/ o ac. Min. Joaquim Barbosa, j. 25.8.2010, *DJe* 1º.2.2011.

[55] AI 172.890 AgR, Rel. Min. Marco Aurélio, j. 5.3.1996, 2ª Turma, *DJ* 19.4.1996; RE 635.012, Rel. Min. Dias Toffoli, j. 7.2.2013, dec. monocrática, *DJe* 14.2.2013.

O acesso à cultura é expressão de direito fundamental. Nos termos do art. 215 da Constituição Federal, o "Estado garantirá a todos o pleno exercício dos direitos culturais e acesso às fontes da cultura nacional, e apoiará e incentivará a valorização e a difusão das manifestações culturais".

Além do que, há o problema do livro eletrônico, que não seria alcançado pela regra de imunidade, se o intérprete pensar restritivamente. O insumo papel não é utilizado na produção do livro eletrônico. A proliferação da utilização do *Kindle*, do PDF e de demais mídias tem objetivamente diminuído a produção e a circulação de livros em meios tradicionais.

Uma interpretação que conduza à limitação ao papel destinado à impressão conta com uma referência histórica. Ao que consta, ao longo da era Vargas (1930-1945), o governo vinculava a imunidade a algum tipo de apoio, pelo que a suspensão do benefício fiscal era uma constante ameaça. Entre os constituintes de 1946 estava o escritor Jorge Amado, que defendeu a regra imunizadora também em benefício de livros, e não apenas de jornais.

De tal modo, dispôs-se na Constituição de 1946, art. 31, V, *c*, que à União, aos Estados, ao Distrito Federal e aos Municípios era vedado lançar imposto sobre o papel destinado exclusivamente à impressão de jornais, periódicos e livros. No texto de 1946, o legislador constituinte enfatizou a imunidade do papel. No texto de 1988, o papel vem ao fim da cláusula, logo após os livros, os jornais e os periódicos. A jurisprudência do STF esclarece eventuais dúvidas de interpretação.

O acesso à cultura é um direito fundamental, constitucionalmente fixado. Há antiga prescrição jurídica no sentido de que a outorga de fins significa também a entrega dos meios. Orientação constitucional que prestigie e que garanta a todos o pleno exercício dos direitos culturais é cláusula de direito político cuja realização no plano concreto exige ações por parte do Poder Público. Entre elas, o prestígio à cultura, que se faz também mediante a vedação de tributação dos livros, inclusive em sua expressão eletrônica.

O problema pode ser explorado por dois caminhos, que definem opção hermenêutica. Pode-se aferrar literalmente ao conteúdo da norma constitucional, no sentido de que a prerrogativa alcançaria apenas o **papel destinado a impressão de livros, jornais e periódicos**, tal como enunciado. Ou pode ainda se centrar na proteção da cultura, independentemente de seus meios de divulgação. Esta última hipótese se revela a mais razoável. E efetivamente é a única que fomenta opção pela cultura, enquanto direito fundamental.

Ao longo dos anos, formatou-se jurisprudência relativamente ampliativa da dicção literal do dispositivo. Assim, garantiu-se a imunidade fiscal dos filmes destinados à produção de capas de livros,[56] aos álbuns de figurinhas,[57] ao papel fotográfico consumido no processo produtivo do jornal,[58] aos filmes não impressionados,[59] às listas telefônicas,[60] entre outros.

O Supremo Tribunal Federal firmou inicialmente posição no sentido de que a imunidade sobre o livro não poderia ser estendida a outros insumos, que não compreendidos no sentido unívoco de **papel destinado à impressão**; nos termos seguintes:

> Tributário. Imunidade conferida pelo art. 150, VI, *d*, da Constituição. Impossibilidade de ser estendida a outros

---

[56.] AI 597.746-AgR, Rel. Min. Sepúlveda Pertence.
[57.] AI RE 178.893, Rel. Min. Menezes Direito.
[58.] RE 276.842/ED, Rel. Min. Carlos Velloso.
[59.] RE 203.859, Rel. Min. Carlos Velloso.
[60.] RE 101.441/RS, Rel. Min. Sydney Sanches.

insumos não compreendidos no significado da expressão "papel destinado à sua impressão". Precedentes do Tribunal. – Incabível a condenação em honorários advocatícios na ação de mandado de segurança, nos termos da Súmula nº 512/STF. Agravos regimentais desprovidos.[61]

Também em outro julgado, ementou-se, como segue, e no mesmo sentido:

> Tributário. Imunidade conferida pelo art. 150, VI, *d*, da Constituição. Impossibilidade de ser estendida a outros insumos não compreendidos no significado da expressão "papel destinado à sua impressão". Precedentes do Tribunal. Para se concluir sobre a alegação da parte agravante de que as chapas de gravação utilizadas na produção do jornal equivalem a papel fotográfico, faz-se mister a análise de fatos e provas, procedimento inviável em sede de recurso extraordinário (Súmula nº 279). Agravo regimental desprovido.[62]

Por outro lado, o Supremo Tribunal Federal já reconheceu também, embora a contrário senso, a proteção da cultura e da educação seria elemento preponderante na contextualização do regime de imunidades, atinentes ao livro. De tal modo:

> TRIBUTÁRIO. ENCARTES DE PROPAGANDA DISTRIBUÍDOS COM JORNAIS E PERIÓDICOS. ISS. ART. 150, VI, *d*, DA CONSTITUIÇÃO. Veículo publicitário que, em face de sua natureza propagandística, de exclusiva índole comercial, não pode ser considerado como destinado à cultura e à educação, razão pela qual não

---

[61]. RE 324.600 AgR, Rel. Min. Ellen Gracie.
[62]. RE 244.698 AgR, Rel. Min. Ellen Gracie.

está abrangido pela imunidade de impostos prevista no dispositivo constitucional sob referência, a qual, ademais, não se estenderia, de qualquer forma, às empresas por eles responsáveis, no que concerne à renda bruta auferida pelo serviço prestado e ao lucro líquido obtido. Recurso não conhecido.[63]

Deve-se levar em conta também que há uma **política nacional do livro**, consignada em lei – refiro-me à Lei nº 10.753, de 30 de outubro de 2003, que, entre outros, define o que se deva entender efetivamente por **livro**, nomeadamente:

> Art. 2º Considera-se livro, para efeitos desta Lei, a publicação de textos escritos em fichas ou folhas, não periódica, grampeada, colada ou costurada, em volume cartonado, encadernado ou em brochura, em capas avulsas, em qualquer formato e acabamento.
>
> Parágrafo único. São equiparados a livro:
>
> I – fascículos, publicações de qualquer natureza que representem parte de livro;
>
> II – materiais avulsos relacionados com o livro, impressos em papel ou em material similar;
>
> III – roteiros de leitura para controle e estudo de literatura ou de obras didáticas;
>
> IV – álbuns para colorir, pintar, recortar ou armar;
>
> V – atlas geográficos, históricos, anatômicos, mapas e cartogramas;
>
> VI – textos derivados de livro ou originais, produzidos por editores, mediante contrato de edição celebrado com o autor, com a utilização de qualquer suporte;

---

[63]. RE 213.094, Rel. Min. Ilmar Galvão.

VII – livros em meio digital, magnético e ótico, para uso exclusivo de pessoas com deficiência visual;

VIII – livros impressos no Sistema Braille.

Dispôs-se também que cabe ao Poder Executivo criar e executar projetos de acesso ao livro e incentivo à leitura, ampliar os já existentes e implementar, isoladamente ou em parcerias públicas ou privadas, várias ações em nível nacional.[64]

Intui-se, então, que apenas interpretação extensiva desta última regra é que poderia matizar o livro eletrônico enquanto tal, dado que essa modalidade de expressão é definida como livro, apenas na medida em que seja de uso exclusivo de quem quer que porte deficiência audiovisual.

A revolução tecnológica dos meios de informação ensejou também uma nova concepção dos meios de veiculação da cultura. À concepção clássica de livro emerge, para todos os gostos, outras formas de expressão. E se é certo que a mensagem é mais importante do que o meio que a veicula, não se pode discriminar o meio, pena que se limitem as possibilidades de divulgação das mensagens.

Há um amplo mercado florescente de veiculação do conteúdo de livros, por meio cibernético. E sem que invoquemos questões óbvias de feição ambiental (livros de papel sacrificam mais o meio ambiente do que mensagens eletrônicas ou mídias de fácil manuseio), é chegado o momento para se repensar a imunidade tributária do papel destinado a impressão de livros, avançando, com a fixação da imunidade fiscal também para o livro eletrônico.

[64.] Art. 13 da Lei nº 10.753, de 30 de outubro de 2003.

Negar-se a imunidade aos livros em formato outro que não o papel convencional pode ser gravíssimo equívoco que revela desprezo para com a inovação institucional, bem como caprichosa atitude para com as várias manifestações que há, em nicho de revelação das produções culturais.

E porque a cultura é indubitavelmente um direito fundamental é que a imunidade relativa ao livro eletrônico deve ser reconhecida. Não se trata de mutação constitucional. Cuida-se, tão somente, de atitude realista que acomoda a dicção constitucional nos exatos limites dos superiores valores que a Constituição substancializa.

O STF pacificou a questão, no contexto do Tema nº 593 de repercussão geral, fixando a seguinte tese: "A imunidade tributária constante do art. 150, VI, *d*, da CF/1988 aplica-se ao livro eletrônico (*e-book*), inclusive aos suportes exclusivamente utilizados para fixá-lo". O voto condutor é do Ministro Dias Toffoli, ao longo do qual o leitor colhe uma explanação definitiva sobre o assunto. As linhas gerais do julgado, contidas na ementa, acenam para a excelência dessa linha interpretativa:

> EMENTA. Recurso extraordinário. Repercussão geral. Tributário. Imunidade objetiva constante do art. 150, VI, *d*, da CF/88. Teleologia multifacetada. Aplicabilidade. Livro eletrônico ou digital. Suportes. Interpretação evolutiva. Avanços tecnológicos, sociais e culturais. Projeção. Aparelhos leitores de livros eletrônicos (ou *e-readers*). 1. A teleologia da imunidade contida no art. 150, VI, *d*, da Constituição, aponta para a proteção de valores, princípios e ideias de elevada importância, tais como a liberdade de expressão, voltada à democratização e à difusão da cultura; a formação cultural do povo indene de manipulações; a neutralidade, de modo a não fazer distinção entre grupos economica-

mente fortes e fracos, entre grupos políticos etc.; a liberdade de informar e de ser informado; o barateamento do custo de produção dos livros, jornais e periódicos, de modo a facilitar e estimular a divulgação de ideias, conhecimentos e informações etc. Ao se invocar a interpretação finalística, se o livro não constituir veículo de ideias, de transmissão de pensamentos, ainda que formalmente possa ser considerado como tal, será descabida a aplicação da imunidade. 2. A imunidade dos livros, jornais e periódicos e do papel destinado a sua impressão não deve ser interpretada em seus extremos, sob pena de se subtrair da salvaguarda toda a racionalidade que inspira seu alcance prático, ou de transformar a imunidade em subjetiva, na medida em que acabaria por desonerar de todo a pessoa do contribuinte, numa imunidade a que a Constituição atribui desenganada feição objetiva. A delimitação negativa da competência tributária apenas abrange os impostos incidentes sobre materialidades próprias das operações com livros, jornais, periódicos e com o papel destinado à sua impressão. 3. A interpretação das imunidades tributárias deve se projetar no futuro e levar em conta os novos fenômenos sociais, culturais e tecnológicos. Com isso, evita-se o esvaziamento das normas imunizantes por mero lapso temporal, além de se propiciar a constante atualização do alcance de seus preceitos. 4. O art. 150, VI, *d*, da Constituição não se refere apenas ao método gutenberguiano de produção de livros, jornais e periódicos. O vocábulo "papel" não é, do mesmo modo, essencial ao conceito desses bens finais. O suporte das publicações é apenas o continente (*corpus mechanicum*) que abrange o conteúdo (*corpus misticum*) das obras. O corpo mecânico não é o essencial ou o condicionante para o gozo da imunidade, pois a variedade de tipos de suporte (tangível ou intangível) que um livro pode ter aponta para a direção de que ele só pode ser considerado como elemento acidental no conceito de livro. A imunidade de que trata o art. 150, VI, *d*, da Constituição, portanto, alcança o livro digital (*e-book*). 5. É dispensável para o enquadramento do livro na imunidade em questão que seu destinatário (consumidor) tenha necessariamente que passar sua visão pelo texto e decifrar os signos da escrita. Quero dizer que a imunidade alcança o denominado "*audio book*", ou audiolivro (livros gravados em áudio, seja no suporte CD-Rom, seja em qualquer outro). 6. A teleologia da regra de imunidade igualmente alcança os aparelhos leitores de livros eletrônicos (ou *e-readers*) confeccionados exclusivamente para esse fim, ainda que, eventualmente, estejam equipados com funcionalidades acessórias ou rudimentares que auxiliam a leitura digital, tais como dicionário de sinônimos, marcadores, escolha do tipo e do tamanho da fonte etc. Esse entendimento não é aplicável aos aparelhos multifuncionais, como *tablets*, *smartphone* e *laptops*, os quais vão muito além de meros equipamentos utilizados para a leitura de livros digitais. 7. O CD-Rom é apenas um corpo mecânico ou suporte. Aquilo que está nele fixado (seu conteúdo textual) é o livro. Tanto o suporte (o CD-Rom) quanto o livro (conteúdo) estão abarcados pela imunidade da alínea *d* do inciso VI do art. 150 da Constituição Federal. 8. Recurso extraordinário a que se nega provimento. TESE DA REPERCUSSÃO GERAL: 9. Em relação ao tema nº 593 da Gestão por Temas da Repercussão Geral do portal do STF na internet, foi aprovada a seguinte tese: "A imunidade tributária constante do art. 150, VI, *d*, da CF/88 aplica-se ao livro eletrônico (*e-book*), inclusive aos suportes exclusivamente utilizados para fixá-lo".[65]

---

[65] STF, RE 330.817, Rel. Min. Dias Toffoli, 8.3.2017.

A ementa acima reproduzida dá conta do entendimento definitivo do STF em relação à matéria, prestigiando-se o objetivo da norma constitucional, em detrimento de interpretação literal.

A decisão conduziu à discussão e construção da Súmula Vinculante nº 57, que foi ementada como segue:

> A imunidade tributária constante do art. 150, VI, *d*, da CF/88 aplica-se à importação e comercialização, no mercado interno, do livro eletrônico (*e-book*) e dos suportes exclusivamente utilizados para fixá-los, como leitores de livros eletrônicos (*e-readers*), ainda que possuam funcionalidades acessórias.

5

A estrutura do Código Tributário Nacional e as normas gerais de Direito Tributário

O CTN foi aprovado originariamente com lei ordinária. Como visto, à época de sua aprovação, 1966, vigia a Constituição de 1946, em cujo processo legislativo não havia previsão de leis complementares. A Constituição de 1967 (art. 18, § 1º) remeteu para o campo de incidência da lei complementar as normas gerais de Direito Tributário, os conflitos de competência, nessa matéria, entre União, Estados, Distrito Federal e Municípios, bem como a regulamentação das limitações constitucionais do poder de tributar.

O CTN tratava de todos esses assuntos, pelo que foi recebido pela nova ordem constitucional como lei complementar. De tal modo, o CTN se qualifica como uma lei complementar por recepção. Como visto, alterações no CTN exigem lei complementar, a exemplo da Lei Complementar nº 104/2001, que acrescentou dois incisos ao art. 151, que trata da suspensão da exigibilidade do crédito tributário.

A Emenda Constitucional n° 18/1965, concebeu um novo sistema tributário, cujas normas gerais foram fixadas pelo CTN. A Emenda n° 18 e o projeto do CTN transitaram paralelamente. Aprovado pelo Congresso Nacional, depois de longa discussão, o CTN se qualifica como lei federal de alcance nacional. Não podem as demais unidades federadas legislar de modo distinto, quanto às matérias de que trata o CTN.

O CTN é dividido em dois livros. O Livro Primeiro cuida do Sistema Tributário Nacional, dispondo sobre várias matérias que são também de trato constitucional, a exemplo da repartição de receitas. O Livro Segundo cuida das normas gerais de Direito Tributário. É nesse livro que se dispõe sobre a legislação tributária, especialmente quanto a vigência, aplicação, interpretação e integração da mencionada legislação.

Ainda no Livro Segundo, há importante título sobre obrigação tributária, que trata do fato gerador, das sujeições (ativa e passiva), da solidariedade, da capacidade, do domicílio, da responsabilidade, entre outros. O Livro Segundo também contempla regras sobre o crédito tributário, no que se refere à sua constituição, ao lançamento, bem como a sua extinção, suspensão e exclusão. As linhas gerais da Administração Tributária são tratadas em título próprio, também no Livro Segundo.

No Livro Primeiro, tem-se a definição de tributo, a fixação de sua natureza jurídica, bem como suas espécies. Ainda no Livro Primeiro, há títulos sobre impostos, taxas e contribuições de melhoria. Trataremos em seguida do Livro Segundo, dado que impostos, taxas e contribuições serão tratados em capítulo próprio.

5.1 Normas gerais de Direito Tributário

5.1.1 Legislação tributária

Na técnica do CTN, a expressão **legislação tributária** compreende as leis, os tratados e as convenções internacionais, os decretos e as normas complementares que versem, no todo ou em parte, sobre tributos e relações jurídicas a eles pertinentes. A expressão alcança toda a produção normativa em matéria tributária, o que inclui normas complementares de regulamentação, a exemplo de instruções normativas e soluções de consulta.

O CTN segue a regra geral de legalidade absoluta, no sentido de que somente leis pode estabelecer a instituição de tributos, ou a sua extinção; a majoração de tributos, com algumas ressalvas, a exemplo da alteração de alíquotas em impostos regulatórios; a definição do fato gerador da obrigação tributária principal; a fixação de alíquota do tributo e da sua base de cálculo, com algumas ressalvas, também no campo dos impostos regulatórios; a cominação de penalidades para as ações ou omissões contrárias a seus dispositivos, ou para outras infrações nela definidas; as hipóteses de exclusão, suspensão e extinção de créditos tributários, bem como de dispensa ou redução de penalidades.

O STF já decidiu pela inconstitucionalidade de lei que autorizou o então Ministro da Fazenda a fixar prazo de recolhimento de IPI, por intermédio de portaria; trata-se de matéria afeta a lei, em sentido estrito.[1]

---

[1] STF, RE 140.669/PE, Rel. Min. Ilmar Galvão, *DJU* 18.5.2001.

A majoração do tributo não consiste tão somente na elevação de seu valor nominal. De acordo com o CTN, equipara-se à majoração do tributo a modificação da sua base de cálculo, que importe em torná-lo mais oneroso. Nesse caso específico, a alteração da base de cálculo exige lei complementar.

Na sistemática do CTN, não constitui majoração de tributo a atualização do valor monetário da respectiva base de cálculo, regra de ampla aplicação em épocas inflacionárias. O assunto é de permanente provocação e discussão em âmbito judicial e administrativo, em discussões que tratam da aplicação do princípio da legalidade.

5.1.2 Os tratados e as convenções internacionais

O CTN também dispõe que os tratados e as convenções internacionais revogam ou modificam a legislação tributária interna, e serão observados pela que lhes sobrevenha. Essa regra é fonte de recorrentes disputas judiciais.

Os tratados e as convenções internacionais em matéria tributária se consubstanciam como importante fonte normativa no Direito fiscal brasileiro. Em princípio, condiciona-se o primado da legislação internacional quando o tratado verse concreta e prioritariamente sobre matéria tributária. Deve-se levar em conta o conteúdo do tratado, no sentido de que se deva aferir se há disposições sobre a competência impositiva dos Estados signatários. É uma das condições para que o pactuado adquira eficácia interna, além do procedimento de internalização.

Os tratados são firmados pelo Presidente da República, ou por autoridade federal com expressa autorização para tal. Nesse caso, de delegação, há necessidade de uma carta de plenos poderes, firmada pelo Presidente da República, e referendada pelo Ministro das Relações Exteriores. Em seguida, o tratado segue para discussão parlamentar, dado que é competência do Congresso Nacional resolver definitivamente sobre tratados, acordos ou atos internacionais que acarretem encargos ou compromissos gravosos ao patrimônio nacional.

Aprovando o texto, o Congresso baixa um decreto legislativo. Pode também simplificar o procedimento, comunicando ao Presidente da República que concorda com os termos do ajuste internacional. Um decreto do Executivo, regulamentando o tratado, conclui o procedimento de internalização. Vencidas essas etapas, o tratado se torna fonte formal e material direta de Direito Tributário, obrigando, nos seus termos.

Por outro lado, denunciado o tratado, também pelas vias convencionais, tem-se a repristinação da lei interna que com o tratado era incompatível, por pressuposto lógico. De modo mais simples, tratados e convenções internacionais vinculam e prevalecem sobre legislação interna, independentemente de condicionamentos de prazo, isto é, pode ser anterior ou posterior. É o tema do primado dos tratados internacionais, que é nuclear no Direito Internacional Público.

Os tratados internacionais são de competência da União. No Brasil não se admite a paradiplomacia, isto é, os Estados, o Distrito Federal e os Municípios não podem celebrar tratados. Uma unidade federada não pode, por essa razão, assinar tratado com país estrangeiro. Os Estados, o Distrito Federal e os Municípios não detêm soberania, que é exclusiva da União. Por outro lado, a União pode, em tratado internacional, isentar ou alcançar tributo estadual, distrital ou municipal, o que se denomina como isenção heterônomica.

Trata-se de uma exceção à regra do inciso III do art. 151 da Constituição, que veda à União conceder isenções de tributos que não são de sua competência. É que, no momento em que firma tratados internacionais, a União representa também as unidades federadas. Desse modo, tem-se como implícita a autorização para isenção. Exemplifica-se com tratado entre Brasil e Paraguai, relativo à Usina de Itaipu, que tenha regra isentando ICMS incidente sobre a produção de energia, cuja competência é do estado do Paraná.

Na celebração de tratados internacionais a União atua como representante da nação brasileira. Representa todas as unidades federadas internas. É exercício de soberania. Pode, desse modo, isentar ou conceder benefícios fiscais em relação a tributos sobre os quais não detém competência tributária, que é indelegável.

Do ponto de vista mais prático, tratados internacionais em matéria tributária são importantes no campo da incidência dos impostos incidentes sobre o comércio exterior. Também há fortíssimo campo de incidência em medidas para que se evite a bitributação internacional, que atinge com mais recorrência o imposto de renda. Tenta-se evitar que cidadãos e empresas de um país, no qual sejam domiciliados, sujeitem-se a imposições duplas.

Deve-se observar que os tratados internacionais em matéria tributária somente alcançam seus signatários. No entanto, há circunstâncias nas quais o conteúdo do tratado pode projetar efeitos em terceiros. Colhe-se o exemplo da cláusula de nação mais favorecida, que qualifica concessões de ordem alfandegária, com forte implicação no regime global de competição econômica.

Tem-se, nesse caso, que concessões tarifárias futuras extensivas a um terceiro país se projetam automaticamente na pauta tarifária dos signatários do tratado. Há também tratados internacionais que cuidam de acordos de complementação econômica e de cooperação financeira. A prática revela, no entanto, que há maior prevalência de tratados para o combate à bitributação.

Há preocupação dos conflitos que emergem de determinações dos tratados internacionais em matéria tributária e comandos decorrentes da legislação interna. São problemas que surgem e que se desdobram no exterior dos vários ordenamentos jurídicos.

Relações jurídicas de coordenação e de subordinação são determinadas pelos ordenamentos internos. A solução que redunda na opção por uma das normas, externa ou interna, justifica a coerência do ordenamento, dado que o Direito não tolera antinomias. Uma suposta oposição entre lei interna e tratado interna é indício de antinomia apenas aparente.

A lei interna resolve a questão, na medida em que subordina seu comando ao definido no tratado, desde que adequadamente internalizado. Deve o intérprete prestigiar o tratado internacional, sobremodo no que se prende à técnica da prevalência de lei especial sobre a lei geral. Nesse caso, o tratado é lei especial. Reforça-se essa premissa porquanto o CTN determina explicitamente que o tratado detém relação de superioridade em relação à lei interna.

Os tratados substancializam o núcleo de um Direito Tributário internacional que tem como finalidade exatamente solucionar os problemas de dupla tributação e de evasão fiscal internacionais. Há que se levar em conta, no entanto, o conceito de soberania fiscal, que emerge como elemento que delimita a competência tributária internacional. Atente-se ainda para o fato de que haveria ilícito fiscal na ordem internacional se um Estado pretendesse aplicar sua legislação tributária em outro

Estado, sem levar em conta autorização anteriormente dada em tratado internacional.

No Direito Tributário interno, a bitributação consiste na dupla tributação, sobre o mesmo fato gerador, imposta por duas pessoas jurídicas de direito público distintas. Porque há invasão de competência fiscal, o sistema tributário brasileiro abomina essa dupla incidência. Tal figura não se confunde com o *bis in idem*, que se dá quando sobre o mesmo fato gerador há dupla incidência, imposta pela mesma pessoa de direito público. O Direito Tributário brasileiro admite a ocorrência do *bis in idem*.

Em âmbito internacional, a bitributação ocorre quando dois Estados distintos pretendem alcançar os mesmos fatos tributáveis. A bitributação deve ser evitada pelos prejuízos que acarreta no contexto da circulação internacional de mercadorias, serviços, capitais e pessoas. Atente-se para o fato de que se deva diferenciar a dupla incidência fiscal da dupla incidência econômica. Esta última, no limite, não deixa de ser uma forma de *bis in idem*. Esse tema será retomado no capítulo final desse livro.

5.1.3 Decretos e normas complementares

Dispõe também o CTN que o conteúdo e o alcance dos decretos se restringem aos das leis em função das quais sejam expedidos. A função do decreto é meramente regulamentadora, vedando-se que disponha diferentemente do contido na lei que regulamentada. Nesse campo, deve-se atender ao princípio da reserva legal.

Exemplifica-se com o Decreto nº 9.580, de 22 de novembro de 2018, que regulamenta a tributação, a fiscalização, a arrecadação e a administração do Imposto de Renda.

Regulamenta-se o Imposto de Renda em relação a menores e incapazes, alimentos e pensões, sociedade conjugal e união estável, espólio, declaração de ajuste anual, cálculo do imposto devido, transferência de residência para o exterior, responsabilidade dos sucessores, de terceiros, de menores, domicílio fiscal, entre tantos outros assuntos, sempre no limite da lei que o decreto regulamenta.

De acordo com o CTN, são normas complementares das leis, dos tratados e das convenções internacionais e dos decretos os atos normativos expedidos pelas autoridades administrativas; as decisões dos órgãos singulares ou coletivos de jurisdição administrativa, a que a lei atribua eficácia normativa; práticas reiteradamente observadas pelas autoridades administrativas; os convênios que entre si celebrem a União, os Estados, o Distrito Federal e os Municípios.

Dispõe-se também que a observância das normas complementares exclui a imposição de penalidades, a cobrança de juros de mora e a atualização do valor monetário da base de cálculo do tributo. É o caso, por exemplo, da solução de consulta.

Quanto aos órgãos de jurisdição administrativa, menciona-se o Conselho Administrativo de Recursos Fiscais (CARF), antigamente denominado de Conselho de Contribuintes do Ministério da Fazenda, é órgão colegiado, paritário, integrante presentemente da estrutura do Ministério da Economia, que tem por finalidade, nos termos de regulamento, julgar recursos de ofício e voluntários de primeira instância, que versem sobre a aplicação da legislação referente a tributos administrados pela Secretaria da Receita Federal do Brasil.

Junto ao CARF há atuação da Procuradoria-Geral da Fazenda Nacional, na defesa dos interesses da União. Essa atuação é feita por Procuradores lotados na Coordenação de Contencioso Administrativo Tributário (COCAT).

Quanto aos convênios, exemplifica-se com os convênios para delegação de atribuições de fiscalização e cobrança do ITR celebrados entre a União e o Distrito Federal ou Municípios optantes.

A matéria radica na Constituição, nos termos do inciso III do § 4º do art. 153. A matéria foi também tratada pela Lei nº 11.250, de 27 de dezembro de 2005, pelo Decreto nº 6.433, de 15 de abril de 2008, e pela Instrução Normativa RFB nº 1.640, de 11 de maio de 2016. Essa sequência de normas ilustra o sistema de fontes do Direito Tributário brasileiro. Há uma previsão constitucional, fixada por lei, regulamentada por decreto, explicitada por instrução normativa.

Nos termos desses convênios, transfere-se aos Municípios as atribuições de fiscalização, inclusive a de lançamento de créditos tributários, e de cobrança do ITR. O convênio não prejudica a competência supletiva da Receita Federal quanto às várias matérias sobre as quais dispõe, especialmente no âmbito da fiscalização.

5.2 Vigência da legislação tributária

A vigência da legislação tributária, no espaço e no tempo, rege-se pelas disposições legais aplicáveis às normas jurídicas em geral, com ressalvas e exceções previstas no próprio CTN. As disposições legais aplicáveis são aquelas fixadas pela Lei de Introdução às Normas do Direito Brasileiro, redação dada pela Lei nº 12.376/2010, que deu nova nomenclatura à Lei de Introdução ao Código Civil, tal como contida originalmente no Decreto-lei nº 4.657, de 4 de setembro de 1942.

Determina-se que, salvo disposição contrária, a lei começa a vigorar em todo o país 45 dias depois de oficialmente publicada. Nos Estados estrangeiros, a obrigatoriedade da lei brasileira, quando admitida, inicia-se três meses depois de oficialmente publicada.

Tem-se ainda que se, antes de entrar a lei em vigor, ocorrer nova publicação de seu texto, destinada a correção, o prazo começa a correr da nova publicação. É também regra geral que as correções a texto de lei já em vigor se consideram lei nova. Dispõe-se, de igual modo que, não se destinando à vigência temporária, a lei terá vigor até que outra a modifique ou revogue.

Acrescente-se que a lei posterior revoga a anterior quando expressamente o declare, quando seja com ela incompatível ou quando regule inteiramente a matéria de que tratava a lei anterior. A lei nova, que estabeleça disposições gerais ou especiais a par das já existentes, não revoga nem modifica a lei anterior. Por fim, salvo disposição em contrário, a lei revogada não se restaura por ter a lei revogadora perdido a vigência. Trata-se da repristinação, vedada pelo Direito brasileiro.

Especificamente, nos termos do CTN, a legislação tributária dos Estados, do Distrito Federal e dos Municípios vigora, no país, fora dos respectivos territórios, nos limites em que lhe reconheçam extraterritorialidade os convênios de que participem, ou do que disponham o CTN ou outras leis de normas gerais expedidas pela União. O princípio norteador é o da territorialidade.

Há muitas exceções à Lei de Introdução às Normas do Direito Brasileiro, quanto à fixação do momento de vigência da lei tributária. Assim, salvo disposição em contrário, entram em vigor na data de sua publicação os atos administrativos de efeitos tributários. As decisões administrativas, quanto a seus efeitos normativos, vigoram 30 dias depois da data da sua publicação. A validade dos convênios depende da data neles prevista. O princípio norteador é o da anterioridade.

Nesse sentido, entram em vigor no primeiro dia do exercício seguinte àquele em que ocorra a sua publicação os dispositivos de lei referentes a impostos sobre o patrimônio ou a renda que instituam ou majoram tais impostos; que definam novas hipóteses de incidência; bem como que deem fim ou reduzam isenções, salvo se a lei dispuser de maneira mais favorável ao contribuinte.

Há uma ressalva específica quanto às isenções. Essas, salvo se concedidas por prazo certo, ou em função de determinadas condições, podem ser revogadas ou modificadas por lei, a qualquer tempo. São as isenções condicionadas, que exigem tratamento distinto, quanto a eventual revogação.

5.3 Aplicação da legislação tributária

Como regra geral, a legislação tributária se aplica imediatamente aos fatos geradores futuros e aos pendentes, bem como, por predicado lógico, aos atos concomitantes. O fato gerador pendente é aquele que ainda se implementou totalmente, submetido a condição, especialmente de ordem fática. É tarefa jurisprudencial e doutrinária fixar se o fato gerador pendente seria compatível com a regra da irretroatividade tributária, que radica na Constituição.

Há fatos geradores que se iniciam na vigência de uma determinada norma, mas que se implementam efetivamente quando da vigência de uma outra norma. Pode haver antinomia entre elas, com resultados gravosos para o patrimônio de quem recolhe o tributo. A dinâmica da tributação constata fatos geradores que se esgotam em ato único, bem como fatos geradores continuados, ou também periódicos, que se desdobram em vários atos, de algum modo concatenados. A consumação de um fato gerador é elemento definidor da regra aplicável.

Como exceção, a lei tributária se aplica a ato ou fato pretérito quando seja expressamente interpretativa, excluída a aplicação de penalidade à infração dos dispositivos interpretados. Há vedação para punição com efeito retroativo. O ordenamento jurídico, por uma questão de coerência e plenitude, com o objetivo da segurança jurídica, é em regra refratário à aplicabilidade de norma retroativa. A retroatividade se sujeita a uma excepcionalidade absoluta, com exata previsão legal, quanto a seus efeitos e alcance.

A norma interpretativa é classificada como interpretação autêntica, isto é, proferida pelo próprio legislador. Edita-se norma cujo conteúdo consiste exatamente na determinação de como se deve entender a norma aplicável. Requer-se vigilância para com o conteúdo de normas interpretativas, nas hipóteses em que resultem em normas efetivamente modificativas. Leis interpretativas não podem acarretar inovação, quando de sua aplicabilidade.

A doutrina classifica as leis interpretativas em três categorias muito distintas. Há leis interpretativas que apenas declaram o conteúdo normativo que alcançam. Há leis interpretativas que estendem o alcance da lei que se interpreta, alcançando circunstâncias fáticas não previstas originariamente. Por fim, há leis interpretativas que, a contrário senso, restringem o conteúdo da lei que se dispõe a interpretar. Não se admitem leis interpretativas que aumentem o ônus tributário do contribuinte.

A legislação tributária se aplica a ato ou fato pretérito, em algumas outras hipóteses, por expressa disposição do CTN. É o caso de atos tributáveis não definitivamente julgados, quando deixe de definir infração, ou quando deixar de tratá-los como contrários a qualquer exigência de ação ou omissão. Nesse caso, não podem ter sido fraudulentos e também não podem implicar falta de pagamento de tributo.

De igual modo, aplica-se retroativamente a lei tributária quando comine penalidade menos severa que a prevista na lei vigente ao tempo da prática ou omissão de determinado ato. Há muita semelhança como a matéria é tratada em Direito Penal.

O STF firmou entendimento no sentido de que ao imposto de renda calculado sobre os rendimentos do ano base se aplica a lei vigente no exercício financeiro em que deve ser apresentada a declaração.[2] Transita-se no campo da segurança jurídica e na garantia de previsibilidade, no sentido de que o contribuinte possa pautar sua vida negocial.

5.4 Interpretação e integração da legislação tributária

Interpretação e integração de legislação tributária são tratadas em capítulo próprio do CTN. Há previsão para a colmatação de lacunas, isto é, de ausência de disposição expressa. Nesse caso, dispõe o CTN, a autoridade competente (destinatária da norma) utilizará sucessivamente a analogia, os princípios gerais de Direito Tributário, os princípios gerais de Direito Público e a equidade.

A analogia consiste na constatação de semelhança de relações, isto é, consiste em se aplicar uma hipótese não prevista

---

[2] STF, Súmula nº 584.

em lei a disposição relativa a um caso semelhante. Recorre-se a um conceito básico de analogia, derivado do Direito romano, e sintetizado na expressão *ubi eadem legis ratio, ibi eadem legis-dispositio*, isto é, onde se depare razão igual à da lei prevalece a disposição correspondente da norma referida.

O objetivo do recurso analógico não é a criação de direito novo; limita-se a revelar um direito já existente. Consistente com essa regra de interpretação, o CTN dispõe que o emprego da analogia não poderá resultar na exigência de tributo não previsto em lei.

Os princípios gerais de Direito Tributário radicam na Constituição. Deve-se observar a legalidade, a isonomia (ou igualdade), a irretroatividade, a anterioridade, a irretroatividade, a capacidade contributiva e a vedação ao não confisco, assuntos que tratamos ao apresentarmos o **Estatuto do Contribuinte**, como visto no início.

Os princípios gerais de Direito, de modo mais abrangente, consistem na supremacia do interesse público em face do interesse privado, no devido processo legal, na publicidade, na transparência, na moralidade administrativa, na impessoalidade, na necessidade de motivação dos atos administrativos, na indisponibilidade do crédito público.

Remete-se em seguida para o uso da equidade, cujo emprego não pode resultar na dispensa do pagamento de tributo devido. Essa vedação decorre da indisponibilidade do crédito público, predicado da própria indisponibilidade do interesse público. A equidade é um conceito derivado da filosofia de Aristóteles.

No Livro V da *Ética a Nicômaco* (1996), o filósofo grego mencionou uma régua que havia na Ilha de Lesbos e que media superfícies que não eram planas. Desse modo, metaforicamente, a aferição de uma dada medida levava em conta as características específicas do que se metrificava. Ao contrário das réguas convencionais, que medem apenas superfícies planas, e que, portanto, desprezam características específicas do que se está medindo, a régua de Lesbos permitia uma aferição completa. Era o indicativo de uma medida justa.

Do ponto da hermenêutica jurídica, a aplicação da equidade é a mitigação dos inconvenientes que resultam da aplicação estrita dos textos, que não leva em conta peculiaridades e aspectos muito específicos de um dado problema. Não se confunde com o conceito de equidade do *common law*, que é uma das variáveis da estrutura jurídica desse modelo.

A equidade é instrumento de oposição à aplicação irrestrita de um texto jurídico que resulte em injustiça objetiva, e que a tradição do Direito romano identifica no brocardo *summum jus, summa injuria*, isto é, **o máximo de direito, o máximo da injustiça**.

No Direito Tributário, no entanto, a aplicação da equidade depende da discricionariedade do aplicador do Direito. Há, no caso, a necessidade de explicitação de conceitos indeterminados. Por isso, Ricardo Lobo Torres (1994, p. 61) sustentou que a equidade seria perfeitamente dispensável em Direito Tributário, porque o dispositivo que a autoriza é confuso e problemático. A legalidade estrita que informa o Direito Tributário neutraliza a aplicação de juízos de equidade, como critérios de interpretação.

Constatando-se alguma insuficiência do CTN na disciplina referente aos critérios de interpretação, pode-se cogitar também de outros princípios gerais. Nesse caso, pode-se invocar o princípio da unidade do Direito, que busca harmonizar, integrar e sintonizar as normas jurídicas em geral. De igual modo, socorre-se do princípio da interpretação conforme a Constituição, que enfatiza a presunção de constitucionalidade das leis.

O CTN cuida em seguida da relação do Direito Tributário com os princípios gerais de Direito Privado. Os princípios gerais de Direito Privado são utilizados para pesquisa da definição, do conteúdo e do alcance de seus institutos, conceitos e formas, mas não para definição dos respectivos efeitos tributários.

Os princípios gerais de Direito Privado predicam nas concepções que esse campo do Direito explicita em relação aos temas com os quais se ocupa, a exemplo de personalidade, capacidade jurídica, domicílio, bens, fatos jurídicos, negócios jurídicos, atos lícitos, prova, obrigações, contratos, responsabilidade civil, direitos reais, propriedade, família, sucessões, entre tantos outros assuntos.

De acordo com o CTN, a lei tributária não pode alterar a definição, o conteúdo e o alcance de institutos, conceitos e formas de Direito Privado, utilizados, expressa ou implicitamente, pela Constituição Federal, pelas Constituições dos Estados, ou pelas Leis Orgânicas do Distrito Federal ou dos Municípios, para definir ou limitar competências tributárias.

De um ponto de vista mais prático, a relação do Direito Tributário com o Direito Privado se projeta em problemas relativos à autonomia privada, à simulação e à elusão tributária. Negócios jurídicos que passam pelo escrutínio das normas tributárias não podem ser avaliados sem que se tenha a compreensão de suas causas, enquanto finalidade, função e fins que as partes pretendem alcançar.

À liberdade negocial, prevista em lei, e em seus limites, é oposta uma interpretação do Direito Tributário que leve em conta os efeitos e resultados econômicos do negócio.

O que importa é o resultado econômico, e não a forma jurídica. Preocupa-se com o abuso das formas jurídicas. É a chamada interpretação econômica do Direito Tributário, centrada nos resultados também econômicos das leis tributárias.

O CTN sustenta essa posição, ainda que de forma não regulamentada, dispondo que a definição legal do fato gerador deve ser interpretada se abstraindo da validade jurídica dos atos efetivamente praticados pelos contribuintes, responsáveis ou terceiros. Da mesma forma, quanto à natureza do seu objeto ou dos seus efeitos, a par dos efeitos dos fatos efetivamente ocorridos.

Quanto à interpretação do Direito Tributário, observa-se que os modelos de hermenêutica existentes no sistema jurídico brasileiro podem ser classificados em três grupos relativamente distintos. Uma hermenêutica clássica, prioritariamente diretiva, dado que enuncia regras de interpretação. Uma hermenêutica sistemática, com influências da filosofia analítica, centrada em problemas de antinomias e de hierarquização. Por fim, uma hermenêutica filosófica, que em Direito Tributário é influenciada pela escola de Paulo de Barros Carvalho, fortemente influenciada pelo estudo das categorias lógicas do Direito, desenvolvidas por Lourival Vilanova. Fora do âmbito do Direito Tributário, a hermenêutica filosófica conta com a forte influência de autores alemães, a exemplo de Martin Heidegger e de Hans Gadamer.

O modelo clássico deriva da obra de Carlos Maximiliano (1965, p. 218 e ss). Esse autor, que foi Ministro do STF, sustentou que a hermenêutica tem por objeto o estudo e a sistematização dos processos aplicáveis para determinar o sentido e o alcance das expressões do Direito. A interpretação é definida como a aplicação da hermenêutica, que então é elevada à categoria de teoria científica da arte de interpretar.

Maximiliano esclareceu o conteúdo semântico da palavra **hermenêutica**, enquanto substantivo, identificador da ciência da interpretação. Maximiliano abominava a locução latina *in claris cessat interpretatio*, isto é, disposições claras não comportariam interpretação, taxando-a de afirmativa sem nenhum valor científico. Duvidava do próprio conceito de clareza, que reputava relativo.

Para Maximiliano, a interpretação é uma só, que não se fraciona, mas que se exercita por vários processos. O modelo gramatical, ou filológico, preocupar-se-ia com a letra do dispositivo. O modelo lógico, fracionado em lógico propriamente dito e sociológico, ocupar-se-ia com o espírito da norma. Maximiliano se preocupou também para o apego para com palavras sagradas, imobilizadas, que configurariam formas atrasadas de civilização.

Há regras próprias e específicas sobre interpretação a legislação tributária. Dispõe o CTN sobre a obrigatoriedade de se interpretar literalmente normas que disponham sobre suspensão ou exclusão do crédito tributário, sobre outorga de isenção, bem como sobre dispensa do cumprimento de obrigações tributárias acessórias. A regra prestigia o crédito tributário, no sentido de que a interpretação literal qualifica uma compreensão mais limitada da regra que se interpreta.

Exemplifica-se com fato ocorrido ao longo da década de 1990. O CTN dispunha, à época, de quatro modalidade fixas e fechadas de suspensão de exigibilidade do crédito tributário: a moratória, o depósito do montante integral, as reclamações e recursos em processos administrativos e as liminares em mandados de segurança. Uma série de alterações pontuais no Código de Processo Civil então vigente (1973) resultou em medidas cautelares e tutelas de urgência não previstas no CTN.

O cumprimento dessas ordens suscitava alguma responsabilização para as autoridades tributárias, porquanto se tratava de suspensão de exigibilidade do crédito, o que demandava intepretação literal. Não se poderia, nesse contexto, e à luz do CTN, entregar-se ao contribuinte que detinha uma decisão cautelar, uma certidão positiva com efeitos de negativa. Lei complementar resolveu o impasse, ampliando as modalidades de suspensão de exigibilidade do crédito tributário, inclusive alcançando as novas modalidades do CPC de 1973, depois incorporadas no CPC atual.

No entanto, na hipótese de lei tributária que defina infrações ou que comine penalidades, a interpretação deve ser feita de maneira mais favorável ao acusado, em caso de dúvida quanto às hipóteses previstas no CTN. São elas, a capitulação legal do fato, a natureza ou as circunstâncias materiais do fato, ou a natureza ou extensão dos seus efeitos, a autoria, imputabilidade, ou punibilidade, bem como, por fim, a natureza da penalidade aplicável, ou a sua graduação.

5.5 Obrigação tributária

As tipologias obrigacionais remontam ao Direito romano e se estruturaram no contexto de relações de Direito Privado. No Direito Público, e mais especialmente no Direito Tributário, a indisponibilidade do crédito, bem como a supremacia do interesse público em face do interesse privado, resultam em uma tipologia obrigacional distinta. A obrigação tributária é conduta obrigatória, decorrente de ato coativo de sanção, no qual se está obrigado a um determinado comportamento.

Dispõe o CTN que a obrigação tributária é principal ou acessória. Ao contrário do que ocorre no Direito Privado, em que o acessório segue o principal, em Direito Tributário há obrigações principais e acessórias. Estas últimas não necessariamente seguem aquelas primeiras.

A obrigação principal é uma obrigação de **dar**, isto é, de entregar recursos aos cofres públicos. Surge com a ocorrência do fato gerador, tem por objeto o pagamento de tributo ou penalidade pecuniária e se extingue juntamente com o crédito dela decorrente. Por outro lado, a obrigação acessória decorre da legislação tributária e tem por objeto as prestações, positivas ou negativas, nela previstas no interesse da arrecadação ou da fiscalização dos tributos.

Obrigações acessórias são obrigações de **fazer**, de **tolerar** ou de **não fazer**. A emissão de notas fiscais ou o encaminhamento de declarações anuais de ajuste de Imposto de Renda são exemplos de obrigações de fazer. Receber e bem atender a fiscalização em um determinado estabelecimento são exemplos de obrigações de tolerar. A proibição de não rasurar nota fiscal é exemplo de obrigação de não fazer.

Insista-se, em Direito Tributário, o acessório não segue, necessariamente, o principal. O isento do pagamento de imposto de renda não está, por essa razão, desobrigado de encaminhar suas declarações ao fisco. Está desobrigado da obrigação principal, mas está vinculado à obrigação acessória.

O CTN também dispõe que a obrigação acessória, pelo simples fato da sua inobservância, converte-se em obrigação principal relativamente à penalidade pecuniária. Com essa fórmula, uma efetiva sanção (multa) se torna o tributo propriamente dito, mantendo-se fidelidade para com a definição de tributo, que não é sanção de ato ilícito.

5.6 Fato gerador

O conceito de fato gerador é nuclear na construção conceitual do Direito Tributário brasileiro. Há autores (como Geraldo Ataliba) que percebem o fato gerador em duas dimensões. Nesse sentido, tem-se a **hipótese de incidência**, isto é, um conceito legal, vale dizer, uma descrição legal, em forma hipotética, de um fato abstrato ou de um conjunto de circunstâncias fáticas. Ocorrendo a circunstância descrita na norma legal aplicável, tem-se um **fato imponível**.

O fato gerador depende de previsão de lei, que é seu elemento essencial e definidor. Efetivamente, no sistema tributário brasileiro, o fato gerador da obrigação principal é a situação definida em lei como necessária e suficiente à sua ocorrência.

Por outro lado, nos termos do CTN, o fato gerador da obrigação acessória é qualquer situação que, na forma da legislação aplicável, impõe a prática ou a abstenção de ato que não configure obrigação principal. É um dever instrumental, no interesse do fisco, e exigido do contribuinte, sob pena de sanção, por seu descumprimento.

O momento da ocorrência do fato gerador implica várias consequências, a exemplo de fixação de prazos de prescrição e decadência. O CTN elenca os momentos nos quais se considera ocorrido o fato gerador e, por consequência, existentes os seus efeitos.

Nas situações concretas e efetivas (que o CTN denomina de situações de fato) o fato gerador se considera desde o momento em que se verifiquem as circunstâncias materiais necessárias que produzam os efeitos que normalmente lhe são próprios. Por exemplo, o fato gerador do Imposto de Renda se dá no momento no qual o contribuinte aufira renda ou realize acréscimo patrimonial.

O CTN também dispõe que, tratando-se de situação jurídica, o fato gerador é considerado ocorrido desde o momento em que esteja definitivamente constituída, nos termos de direito aplicável. É o caso de negócios jurídicos, quando deve o intérprete, também por força do CTN, identificar se as condições sejam suspensivas ou resolutórias.

Na tipologia do Direito Privado, a condição é resolutiva quando o contrato se extingue quando realizado determinado fato previsto no acordo. A matéria está no art. 127 do Código Civil, que dispõe que, se for resolutiva a condição, enquanto se não realizar, vigorará o negócio jurídico, podendo se exercer desde a conclusão deste o direito por ele estabelecido.

Para o CTN, em relação às condições, entende-se que os atos ou negócios jurídicos se reputam perfeitos e acabados desde o momento do respectivo implemento, nos casos de condição suspensiva. Nas hipóteses de atos e negócios decorrentes de condições resolutórias, os atos ou negócios se reputam perfeitos e acabados desde o momento da prática do ato ou da celebração do negócio.

5.7 Sujeição tributária

A sujeição tributária é ativa quando a relação jurídico-tributária é vista sob a ótica de quem detém competência ou capacidade para instituir, lançar e cobrar o tributo. É passiva quando se identifica o contribuinte ou responsável. A competência, nível maior de sujeição tributária ativa, é o poder de instituir o tributo, nos termos da Constituição. A competência é indelegável.

A capacidade, que é delegável, é o poder de cobrança e gestão de determinados tributos. Ilustra-se com a competência da União para instituir contribuições previdenciárias, que são cobradas e geridas pelo INSS, autarquia federal que tem capacidade para efetivar as cobranças.

Nesse sentido, o CTN dispõe que o sujeito ativo da obrigação é a pessoa jurídica de direito público, titular da competência para exigir o seu cumprimento. Prevendo-se alterações decorrentes de desdobramentos, o CTN fixou que, salvo disposição de lei em contrário, a pessoa jurídica de direito público, que se constituir pelo desmembramento territorial de outra, sub-roga-se nos direitos desta última, cuja legislação tributária aplicará até que entre em vigor a sua própria. O caso mais recorrente é o referente ao desmembramento de municípios.

O sujeito passivo da obrigação principal, no entanto, é a pessoa obrigada ao pagamento de tributo ou penalidade pecuniária. O CTN divide a sujeição passiva em duas categorias: contribuintes e responsáveis. O contribuinte tem uma relação pessoal e direta com a situação que constitua o respectivo fato gerador. O responsável, por sua vez, é quem, embora não revestindo a condição de contribuinte, vincula-se à obrigação por expressa disposição legal. Quanto à obrigação acessória, o sujeito passivo é a pessoa obrigada às prestações que constituam o seu objeto.

No tema da sujeição passiva, o CTN fixou regra sobre as convenções particulares. Quanto à responsabilidade pelo pagamento de tributos, as convenções particulares não podem ser opostas à Fazenda Pública. Não pode uma convenção particular modificar a definição legal sujeito passivo das obrigações tributárias correspondentes.

O exemplo mais recorrente se refere a contratos de locação nos quais as partes acordam que ao inquilino corresponde o recolhimento do IPTU. Não o fazendo, e quando da oportuna execução fiscal, não pode o proprietário do imóvel chamar a responsabilidade do inquilino junto ao Fisco. Pode o proprietário buscar reaver esses valores, por ação própria. Não pode opor ao Fisco o que está disposto em contrato, em matéria de sujeição passiva tributária.

A sujeição tributária alcança também a concepção normativa de solidariedade. Nos termos do CTN, são solidariamente obrigadas as pessoas que tenham interesse comum na situação que constitua o fato gerador da obrigação principal, bem como as pessoas expressamente designadas por lei.

O CTN rejeita o benefício de ordem, isto é, o devedor principal não pode chamar à responsabilidade os demais devedores, na medida e quinhões da dívida. É o sujeito ativo quem define qual dos patrimônios convém excutir primeiro.

Nos termos do CTN, ainda quanto à solidariedade, o pagamento efetuado por um dos obrigados aproveita aos demais. E, ainda, a isenção ou remissão de crédito exonera todos os obrigados, salvo se outorgada pessoalmente a um deles, subsistindo, nesse caso, a solidariedade quanto aos demais pelo saldo. Há também regra que trata da interrupção da prescrição, em favor ou contra um dos obrigados, que favorece ou prejudica aos demais.

Por fim, quanto à capacidade tributária passiva, tem-se relação de independência em face da capacidade civil das pessoas naturais. Isto é, menores, nascituros e interditados podem ser sujeitos da obrigação tributária. Deve-se verificar, caso a caso, como se resolve essa responsabilização no plano fático.

A capacidade tributária passiva também independe de se achar a pessoa jurídica sujeita a medidas que importem privação ou limitação do exercício de atividades civis, comerciais ou profissionais, ou da administração direta de seus bens ou negócios. É o caso, por exemplo, da pessoa jurídica que se encontra no regime de recuperação judicial. A regra vale também para o regime falimentar, alcançando a massa falida.

De igual modo, capacidade tributária passiva independe de estar a pessoa jurídica regularmente constituída, bastando que configure uma unidade econômica ou profissional. Os registros nas juntas comerciais, por exemplo, não qualificam condição necessária para responsabilização fiscal.

5.8 Domicílio tributário

Como regra geral, ao contribuinte é facultado eleger o domicílio tributário. A autoridade administrativa pode recusar o domicílio eleito, quando impossibilite ou dificulte a arrecadação ou a fiscalização do tributo. Na falta de eleição, pelo contribuinte ou responsável, o CTN fixa três regras que alcançam, respectivamente, as pessoas naturais, as pessoas jurídicas de direito privado e as pessoas jurídicas de direito público.

Assim, quanto às pessoas naturais, o domicílio tributário é local de sua residência habitual, ou, sendo esta incerta ou desconhecida, o centro habitual de sua atividade. Quanto às pessoas jurídicas de direito privado, e também quanto às firmas individuais, o domicílio tributário, de acordo com o CTN, é o lugar da sua sede, ou, em relação aos atos ou fatos que derem origem à obrigação, o local de cada estabelecimento. Na sequência, quanto às pessoas jurídicas de direito público, o domicílio tributário é qualquer de suas repartições no território da entidade tributante.

O CTN ainda dispõe que, na hipótese de que nenhuma dessas regras possam ser aplicadas, quanto à fixação do domicílio tributário do contribuinte ou do responsável, deve-se levar em conta o lugar da situação dos bens ou da ocorrência dos atos ou fatos que deram origem à obrigação.

5.9 Responsabilidade tributária

O CTN permite que a lei possa expressamente atribuir a responsabilidade pelo crédito tributário a terceira pessoa. Nesse caso, deve a autoridade fiscal comprovar que a terceira pessoa a quem a responsabilidade foi atribuída seja vinculada ao fato gerador da respectiva obrigação. Nesse caso, ainda segundo o CTN, exclui-se a responsabilidade do contribuinte ou, no limite, se lhe é atribuída uma responsabilidade supletiva pelo cumprimento total ou parcial da obrigação que se discute.

Em seção própria, o CTN dispõe sobre a responsabilidade tributária dos sucessores. Regras sobre responsabilidade por sucessão se aplicam aos créditos tributários definitivamente constituídos ou em curso de constituição, bem como aos créditos constituídos posteriormente, constatada a respectiva vinculação com o fato gerador da obrigação.

O adquirente é responsável pelos créditos tributários relativos a impostos cujo fato gerador seja a propriedade, o domínio útil ou a posse de bens imóveis, a par das taxas incidentes na prestação de serviços referentes a tais bens, ou a contribuições de melhoria. A prova de quitação, constante do título aquisitivo, exclui a responsabilização. Na hipótese de arrematação ocorrida em hasta pública, considera-se o respectivo preço como o indicativo do valor da sub-rogação.

A responsabilidade é pessoal do adquirente ou remitente quanto aos tributos relativos aos bens adquiridos ou remidos. É também pessoal, no caso do sucessor a qualquer título e do cônjuge meeiro, pelos tributos devidos pelo *de cujus* até a data da partilha ou adjudicação. Nesse caso, a responsabilização não é alcançada pelo total da dívida.

A responsabilidade tributária do sucessor ou do cônjuge meeiro é limitada ao montante do quinhão do legado ou da meação. O espólio também responde pelos tributos devidos pelo *de cujus*. Nessa hipótese, a responsabilização cessa na data da abertura da sucessão.

Também é responsável a pessoa jurídica de direito privado que resultar de fusão, transformação ou incorporação de outra. Nesse caso, a responsabilidade cessa na data da fusão, da transformação ou da incorporação. Há um pormenor nessa fórmula. A responsabilização é aplicada também nos casos de extinção de pessoas jurídicas de direito privado, quando a exploração da respectiva atividade seja continuada por qualquer sócio remanescente, ou seu espólio, sob a mesma ou outra razão social, ou sob firma individual.

O CTN também dispõe que a pessoa natural ou jurídica de direito privado que adquirir de outra, por qualquer título, fundo de comércio ou estabelecimento comercial, industrial ou profissional, e continuar a respectiva exploração, sob a mesma ou outra razão social ou sob firma ou nome individual, responde pelos tributos, relativos ao fundo ou estabelecimento adquirido, devidos até a data do ato.

Nesse caso, a responsabilidade é integral, na hipótese de o alienante cessar a exploração do comércio, indústria ou atividade. E será subsidiária com o alienante, se este prosseguir na exploração ou iniciar dentro de seis meses a contar da data da alienação, nova atividade no mesmo ou em outro ramo de comércio, indústria ou profissão.

Essas regras não se aplicam às hipóteses de alienação judicial, aos processos falimentares, ou se incidir sobre filial ou unidade produtiva isolada, em processo de recuperação judicial. Porém, nos casos de alienação judicial ou processos falimentares, as regras de responsabilização se aplicam quando o adquirente for sócio da sociedade falida ou em recuperação judicial, ou sociedade controlada pelo devedor falido ou em recuperação judicial.

Também não se aplica ao parente, em linha reta ou colateral até o 4° (quarto) grau, consanguíneo ou afim, do devedor falido ou em recuperação judicial ou de qualquer de seus sócios. Por fim, não se aplica a quem identificado como agente do falido ou do devedor em recuperação judicial com o objetivo de fraudar a sucessão tributária.

Quanto à responsabilidade de terceiros, e nos casos de impossibilidade de exigência do cumprimento da obrigação principal pelo contribuinte, o CTN dispõe que respondem solidariamente nos atos em que intervierem ou pelas omissões de que forem responsáveis os pais, pelos tributos devidos por seus filhos menores; os tutores e curadores, pelos tributos devidos por seus tutelados ou curatelados; os administradores de bens de terceiros, pelos tributos devidos por estes; o inventariante, pelos tributos devidos pelo espólio; o síndico e o comissário, pelos tributos devidos pela massa falida ou pelo concordatário; os tabeliães, escrivães e demais serventuários de ofício, pelos tributos devidos sobre os atos praticados por eles, ou perante eles, em razão do seu ofício; e por fim, os sócios, no caso de liquidação de sociedade de pessoas.

Os acima indicados são também responsáveis pelos créditos correspondentes a obrigações tributárias resultantes de atos praticados com excesso de poderes ou infração de lei, contrato social ou estatutos. Idêntica regra se aplica a mandatários, prepostos e empregados, bem como a diretores, gerentes ou representantes de pessoas jurídicas de direito privado.

No modelo do CTN, a responsabilidade por infrações independe da intenção do agente ou do responsável e da efetividade, natureza e extensão dos efeitos do ato. O agente é pessoalmente responsável pelas infrações conceituadas por lei como crimes ou contravenções, salvo quando praticadas no exercício regular de administração, mandato, função, cargo ou emprego, ou no cumprimento de ordem expressa emitida por quem de direito. Exige-se dolo, isto é, tem-se responsabilidade pessoal quanto às infrações em cuja definição o dolo específico do agente seja elementar.

No entanto, a responsabilidade é excluída pela denúncia espontânea da infração, acompanhada, se for o caso, do pagamento do tributo devido e dos juros de mora, ou do depósito da importância arbitrada pela autoridade administrativa, quando o montante do tributo dependa de apuração. Porém, o CTN não considera espontânea a denúncia apresentada após o início de qualquer procedimento administrativo ou medida de fiscalização, relacionados com a infração.

5.10 Crédito tributário

5.10.1 Lançamento

De acordo com o CTN, o crédito tributário decorre da obrigação principal e tem a mesma natureza desta. O crédito tributário regularmente constituído somente se modifica ou extingue, ou tem sua exigibilidade suspensa ou excluída, nos casos previstos pelo CTN. Na hipótese de dispensa de crédito, sem previsão no CTN, há responsabilização funcional.

O crédito tributário se constitui pelo lançamento. Trata-se de ato administrativo de competência privativa, tendente a verificar a ocorrência do fato gerador da obrigação correspondente, determinar a matéria tributável, calcular o montante do tributo devido, identificar o sujeito passivo e, sendo o caso, propor a aplicação da penalidade cabível. O ato administrativo de lançamento é vinculado e obrigatório. O descumprimento da regra também chama à responsabilização pessoal.

Quanto aos aspectos temporais, o CTN dispõe que o lançamento se reporta à data da ocorrência do fato gerador da obrigação e se rege pela lei então vigente, ainda que posteriormente modificada ou revogada. É a regra do *tempus regit actum*.

No entanto, de acordo com o CTN, aplica-se ao lançamento a legislação que, posteriormente à ocorrência do fato gerador da obrigação, tenha instituído novos critérios de apuração ou processos de fiscalização, ampliado os poderes de investigação das autoridades administrativas, ou outorgado ao crédito maiores garantias ou privilégios, exceto, neste último caso, para o efeito de atribuir responsabilidade tributária a terceiros.

Com a notificação regular do contribuinte (sujeito passivo), o lançamento, em princípio, não pode ser alterado. O CTN, no entanto, prevê três hipóteses para eventual modificação de lançamento realizado. O sujeito passivo pode impugnar o lançamento, nos termos da legislação vigente. É a chamada impugnação administrativa. Nessa hipótese, e feita em prazo próprio, tem o sujeito passivo direito a uma certidão positiva com efeito de negativa, o que caracteriza a suspensão da exigibilidade do crédito tributário, como se verá mais adiante.

Pode a Administração também postular a revisão de lançamento feito, mediante recurso de ofício, nos termos das leis processuais administrativas em vigor. Por fim, independentemente de recurso administrativo, o CTN dispõe sobre um conjunto de possibilidades para que a Administração revise, de ofício, o lançamento efetivado. Deve a Administração alterar o lançamento em virtude de determinação legal. É o caso, entre outros, de leis que definem remissões ou anistias.

A alteração do lançamento também pode ser feita na hipótese de que a declaração não seja prestada, por quem de direito, no prazo e na forma da legislação tributária. No caso, o CTN se refere a informações necessárias para conclusão de lançamento, em âmbito de processo administrativo.

Há também hipótese de alteração, quando quem legalmente obrigado, embora tenha prestado declaração, deixe de atender, no prazo e na forma da legislação tributária, a pedido de esclarecimento formulado pela autoridade administrativa, recuse-se a prestá-lo ou não o preste satisfatoriamente, a juízo da autoridade.

O lançamento pode ser alterado pela Administração, ainda, nas hipóteses de comprovação de falsidade, erro ou omissão, inexatidão, bem como na comprovação de dolo, fraude ou simulação, por parte do sujeito passivo, ou de terceiros, em benefício do mencionado sujeito passivo.

De igual modo, justificam revisão do lançamento fato novo, ou não conhecido, ou não provado. Fraude, falta funcional, omissão de ato ou formalidade, sempre por parte da autoridade administrativa, também justificam alteração de lançamento.

Não se pode deixar de levar em conta o fato de que à Administração o CTN autoriza revisão de lançamento, nas hipóteses acima verificadas, desde que não extinto o direito da Fazenda Pública, isto é, desde que não ocorrida a caducidade. O prazo de decadência é de cinco anos.

5.10.2 Modalidades de lançamento

Na sistemática do CTN, há três modalidades de lançamento. Feito pela Administração, sem intervenção do contribuinte, denomina-se de **direto** ou de **ofício**. Na hipótese de participação conjunta, a legislação define como lançamento **misto** ou por **declaração**. Por fim, tem-se uma participação mais ampla e intensa, por parte do contribuinte, no caso do lançamento por **homologação**, também definido como **autolançamento**.

O lançamento direto é caracterizado por uma sequência de atos e procedimentos, feitos pela própria Administração. É ao Fisco que cabe a iniciativa. O IPTU, de competência municipal, é exemplo emblemático dessa modalidade de lançamento.

O contribuinte, em regra, recebe em sua residência, ou em local acordado com a Administração, os boletos para recolhimento desse imposto que incide sobre a propriedade territorial urbana. São comuns boletos para recolhimento de IPTU constarem também cobranças de taxas de limpeza pública. Nesse ponto, lembre-se de que as taxas são também cobradas de ofício.

O IPVA é outro exemplo de lançamento direto, ainda que se constate desacordo jurisprudencial, por parte de duas turmas do STJ. Há julgado da 2ª Turma entendendo que o IPVA é imposto cujo lançamento se opera por homologação, dado que o contribuinte recolhe o tributo sem prévio exame do fisco. Nesse sentido, o recolhimento resultaria em extinção condicional do crédito.

Por outro lado, a 1ª Turma fixou entendimento de que o IPVA é lançado de ofício, com as consequências específicas para contagem dos prazos prescricionais. Decisões mais recentes têm entendido que o IPVA é imposto lançado de ofício no início de cada exercício.

O lançamento direto também ocorre nas hipóteses de contribuição de melhoria e de contribuição para o serviço de iluminação pública. Neste último caso, segue-se o mesmo modelo utilizado quando essa modalidade era cobrada a título de taxa de iluminação pública.

O lançamento misto é dependente do sujeito passivo no que se refere ao encaminhamento de informações quanto aos fatos tributáveis. Isto é, a Administração não fica na dependência de informações relativas à legislação aplicável porque, nesse caso, é dependente apenas de informações relativas a matéria de fato. Impostos incidentes sobre a importação e exportação ilustram exemplificativamente o lançamento misto.

Por fim, tem-se o lançamento por homologação. Nos termos do CTN, mencionado lançamento ocorre na hipótese de tributos cuja legislação atribua ao sujeito passivo o dever de antecipar o pagamento sem prévio exame da autoridade administrativa.

No caso, à autoridade compete verificar os termos do lançamento, homologando-o (expressa ou tacitamente, por decurso de tempo). À Administração também é facultado não homologar. O papel da Administração, nesse caso, é de mera fiscal do ato procedimental avançado pelo contribuinte. A Administração confere os dados e valores encaminhados.

No Direito Tributário contemporâneo brasileiro, percebe-se que o lançamento por homologação é o mais utilizado, o que de algum modo revela também a influência e os resultados de técnicas de informática no contexto da ordem tributária. O Imposto de Renda é exemplo dessa modalidade, ainda que se mencione **declaração de imposto de renda**. O que se tem, no entanto, é uma **declaração de ajuste** anual, que não se confunde com a modalidade de homologação.

Ao contribuinte cabe informar suas receitas, eventuais acréscimos patrimoniais, isenções e despesas dedutíveis. Ao Fisco cabe concordar com o conjunto de informações, ou não, inclusive por intermédio de cortes e supressões, isto é, e glosas. Além do imposto de renda, tem-se lançamento por homologação nos casos do IPI, do ICMS, do ITCMD, bem como de contribuições sociais, a exemplo do PIS-COFINS.

Deve-se prestar atenção ao prazo que o CTN fixa para que o Fisco possa homologar as informações prestadas e os valores recolhidos pelo contribuinte. Remete-se a prazo fixado em lei, como regra especial. Como regra geral, o prazo para homologação é de cinco anos, a contar da ocorrência do fato gerador. Uma vez expirado esse prazo, sem manifestação do Fisco, considera-se homologado o lançamento e definitivamente extinto o crédito, salvo se comprovada a ocorrência de dolo, fraude ou simulação. Trata-se de prazo decadencial.

Quanto ao prazo decadencial para homologação de lançamento de contribuições sociais se deve recordar da Súmula Vinculante nº 8, que definiu que prazos de prescrição e decadência são fixados por lei complementar. Houve tentativa de alteração de prazos para homologação de contribuições sociais (de cinco para dez anos), por intermédio de lei ordinária (Lei nº 8.212/1991), o que foi refutado pelo STF, no sentido de que se emitiu ordem para o cumprimento de prazo prescricional de cinco anos, tal como definido pelo CTN.

5.10.3 Suspensão da exigibilidade do crédito tributário

A suspensão da exigibilidade do crédito consiste no fato de que, ainda que subsistente, o crédito não pode ser cobrado, administrativa ou judicialmente. Em termos mais práticos, significa que o contribuinte pode requerer e deve receber, em relação ao crédito suspenso, uma certidão positiva, com efeitos de negativa.

Ainda que devedor (porque o crédito devidamente constituído goza de presunção de certeza e de exigibilidade), o contribuinte pode, com posse de mencionada certidão, praticar atos da vida civil e comercial, a exemplo de efetivar transações imobiliárias, tomar posse e entrar em exercício em cargos públicos, participar de licitações.

O CTN previa originalmente quatro modalidades de suspensão: a moratória, o depósito do seu montante integral, as reclamações e os recursos, nos termos das leis reguladoras do processo tributário administrativo, bem como a concessão de medida liminar em mandado de segurança.

Em 2001, essas modalidades não alcançavam todas as relações que os contribuintes mantinham com o Fisco, razão pela qual duas novas formas de suspensão foram incorporadas, por lei complementar. É o caso da concessão de medida liminar ou de tutela antecipada, em outras espécies de ação judicial, além do parcelamento.

Ao longo da década de 1990, verificou-se uma série de mudanças na legislação e na prática do Direito Processual Civil. Novas modalidades de tutela surgiram, o que resultava em gravíssimo problema, tanto para a Administração quanto para o contribuinte.

A autoridade fiscal ficava inibida de fornecer certidão negativa com efeitos de negativa, no caso das novas tutelas, por falta de previsão legal específica na ordem tributária. A autoridade fiscal estava autorizada pelo CTN, em caso de ordem judicial, a fornecer a certidão requerida, apenas nas hipóteses de mandado de segurança. Ao seguir a linha do CTN e, ao mesmo tempo, ao deixar de cumprir a ordem judicial, a autoridade fiscal enfrentava um dilema. A alteração ocorrida no CTN, em 2001, resolveu essa questão.

Deve-se ter em mente também que a suspensão da exigência do crédito tributário, pelos motivos apontados pelo CTN, não dispensa o contribuinte do cumprimento das obrigações assessórias dependentes da obrigação principal cujo crédito seja suspenso, ou dela consequentes. Como visto, em Direito Tributário não vale o princípio de Direito Privado que nos dá conta de que o acessório segue o principal.

Moratórias podem ser concedidas em caráter geral ou em caráter individual. Moratórias dependem de lei que as autorize. No caso das moratórias de caráter geral, quem as concede é a pessoa jurídica de direito público competente para instituir o tributo a que se refira.

No sistema das moratórias não há regra próxima ao sistema de isenções, quando se proíbe a chamada isenção heterônoma, isto é, quando uma pessoa jurídica de direito público concede isenção de tributo de competência de outra pessoa jurídica de direito público. A União, por exemplo, não pode isentar tributos estaduais, a menos que o faça como signatária de tratado internacional.

No entanto, a União pode conceder moratória de tributos de competência dos Estados, do Distrito Federal ou dos Municípios, quando simultaneamente concedida quanto aos tributos de competência federal e às obrigações de Direito Privado. Trata-se de situação de efetiva exceção.

No caso da moratória em caráter individual, há necessidade de despacho da autoridade administrativa, desde que autorizada por lei. O CTN também dispõe que a lei concessiva de moratória pode circunscrever expressamente a sua aplicabilidade à determinada região do território da pessoa jurídica de direito público que a expedir, ou a determinada classe ou categoria de sujeitos passivos.

Leis que concedem moratória devem seguir alguns requisitos, identificados no CTN. Devem-se identificar o prazo da duração do favor, suas condições de concessão (em caráter individual) e, sendo o caso, tributos a que se aplica, o número de prestações e seus vencimentos, bem como as garantias que devem ser fornecidas pelo beneficiado no caso de concessão em caráter individual.

A menos que a lei disponha de outra forma, a moratória somente abrange créditos definitivamente constituídos à data da lei ou do despacho que a conceder, ou cujo lançamento já tenha sido iniciado àquela data por ato regularmente notificado ao sujeito passivo. Não se pode aproveitar os benefícios da moratória nas hipóteses de dolo, fraude ou simulação do sujeito passivo ou do terceiro em benefício daquele.

Moratória, em caráter individual, não gera direito adquirido para o contribuinte beneficiado. Pode ser revogada de ofício sempre que se apure que o beneficiado não satisfazia ou deixou de satisfazer as condições ou não cumprira ou deixou de cumprir os requisitos para a concessão do favor, cobrando-

-se o crédito acrescido de juros de mora. Pode haver aplicação de penalidade, nos casos de dolo ou simulação do beneficiado, ou de terceiros em benefício daquele. Nos demais casos, não se cogita de penalidade.

O depósito do montante integral corresponde ao depósito do valor efetivamente cobrado pela Administração, e não valor fixado pelo contribuinte. Não se confunde com o depósito recursal ou com o depósito feito em juízo, para garantir certidões em várias ações judiciais.

As reclamações e recursos são regidas pelo Decreto nº 70.235/1972. As liminares em mandado de segurança são regidas pelo disposto na Lei nº 12.016/2009. Há ampla utilização de mandados de segurança para discussão de matéria tributária. Além da celeridade da discussão, que decorre de um rito próprio, há inegável medida de custo e benefício, na medida em que não há condenação de honorários em mandado de segurança, a par do sistema valorativo das custas e emolumentos, que incentiva o uso desse remédio processual.

Quanto ao parcelamento, há necessidade de lei específica, com vistas à fixação de forma e de condições. Há menos que se tenha lei em contrário, não se podem excluir juros e multas dos valores que serão objeto de parcelamento.

5.11 Extinção do crédito tributário

5.11.1 Modalidades de extinção

De acordo com o CTN, **há as seguintes modalidades de extinção do crédito tributário, a saber:** pagamento; compensação; transação; remissão; prescrição e decadência; conversão de depósito em renda; pagamento antecipado e a homologação do lançamento; consignação em pagamento; decisão administrativa irreformável, assim entendida a definitiva na órbita administrativa, que não mais possa ser objeto de ação anulatória; decisão judicial passada em julgado; e, por fim, a dação em pagamento em bens imóveis, na forma e condições estabelecidas em lei.

O CTN dispõe sobre o **pagamento**, fixando algumas regras gerais. Assim a imposição de penalidade não ilide o pagamento integral do crédito tributário. Vale dizer, a penalidade não afasta obrigação do contribuinte, no sentido de recolher o valor principal acrescido de juros e demais cominações legais.

Quando a legislação tributária não dispuser a respeito, o pagamento é efetuado na repartição competente do domicílio do sujeito passivo. Com os recolhimentos eletrônicos que são feitos hoje em dia essa regra perdeu um pouco de sua praticidade. Quanto ao tempo do pagamento, dispõe o CTN que, quando não fixado pela legislação, o vencimento do crédito ocorre 30 dias depois da data em que se considera o sujeito passivo notificado do lançamento.

Sanções premiais são também conhecidas como sanções positivas, isto é, a legislação tributária pode conceder desconto pela antecipação do pagamento, nas condições que estabeleça. Percebe-se um certo descompasso entre as disposições do CTN relativas a pagamento e atualidade negocial. Como visto no início da era dos *bitcoins* e das transferências bancárias, o CTN dispõe que o pagamento é efetuado em moeda corrente, cheque ou vale postal; ou, nos casos previstos em lei, em estampilha, em papel selado, ou por processo mecânico.

A recusa da autoridade administrativa em receber o pagamento do crédito tributário devido importa, em favor do contribuinte, a possibilidade de consignar judicialmente. O

CTN dispõe sobre duas hipóteses justificativas de medida judicial de consignação.

Primeiramente, a recusa de recebimento, ou subordinação deste ao pagamento de outro tributo ou de penalidade, ou ao cumprimento de obrigação acessória. Em segundo lugar, a subordinação do recebimento ao cumprimento de exigências administrativas sem fundamento legal. Por fim, a exigência, por mais de uma pessoa jurídica de direito público, de tributo idêntico sobre um mesmo fato gerador.

O julgamento dando conta da procedência da consignação implica o reconhecimento do pagamento, com a consequente extinção do crédito tributário discutido. O valor, então, é convertido em renda do Fisco credor. No caso de procedência parcial da ação consignatória, o Fisco deve cobrar o crédito acrescido de juros de mora, sem prejuízo das penalidades cabíveis.

Na hipótese de pagamento indevido, o sujeito passivo tem direito, independentemente de prévio protesto, à restituição total ou parcial do tributo, seja qual for a modalidade do seu pagamento. Quanto ao pagamento indevido, que enseja o pedido de restituição, o CTN dispõe sobre hipóteses de pagamento espontâneo de tributo indevido ou maior que o devido em face da legislação tributária aplicável, ou da natureza ou circunstâncias materiais do fato gerador efetivamente ocorrido.

Também prevê o erro na edificação do sujeito passivo, na determinação da alíquota aplicável, no cálculo do montante do débito ou na elaboração ou conferência de qualquer documento relativo ao pagamento. Por fim, também autoriza repetição de indébito nos casos de reforma, anulação, revogação ou rescisão de decisão condenatória.

O CTN não autoriza repetição de tributo indireto. O CTN positivou uma jurisprudência do STF firmada em 1963, por intermédio da Súmula nº 71, cujo verbete fixava que, embora pago indevidamente, não cabe restituição de tributo indireto. No entanto, já após a vigência do CTN, o STF relativizou esse entendimento, por intermédio da Súmula nº 546, no sentido de que cabe a restituição do tributo pago indevidamente, quando reconhecido por decisão que o contribuinte de direito não recuperou do contribuinte de fato o *quantum* respectivo. Esse tema será retomado na parte relativa às ações tributárias.

A **compensação**, disciplinada no art. 170 do CTN, também é modalidade de extinção do crédito tributário. No Direito brasileiro a própria tradição do Direito Privado reconhece a compensação como modalidade extintiva de obrigação tributária, ainda que com ressalvas e de modo excepcional.

No Código Civil de 1916 (art. 1.017), dispôs-se que as dívidas fiscais da União, dos Estados e dos Municípios não poderiam ser objeto de compensação, exceto nos casos de encontro entre a administração e o devedor, autorizados nas leis e regulamentos da Fazenda. No Código Civil de 2002 a compensação está disciplinada nos arts. 368 a 380.

Ainda no Direito Privado, a compensação, como regra geral, decorre da situação na qual duas pessoas, ao mesmo tempo credora e devedora uma da outra, extinguiriam suas obrigações, até onde se compensarem. Para tal, as dívidas deveriam ser líquidas, vencidas e relativas a coisas fungíveis. A possibilidade da compensação decorria da vontade das partes, porquanto não se poderia compensar quando credor e devedor por mútuo acordo a excluíssem.

No Direito Público, e mais especialmente no Direito Tributário, a compensação depende de lei. Isto é, a lei pode, nas condições e sob as garantias que estipular, ou cuja estipulação em cada caso atribuir à autoridade administrativa, autorizar a compensação de créditos tributários com créditos líquidos e certos, vencidos ou vincendos, do sujeito passivo contra a Fazenda pública. No tema da extinção do crédito tributário, por via de compensação, vige o princípio da legalidade absoluta.

Há registros de compensações feitas, antes de 2001, em cumprimento de decisões judiciais, em sede de liminares. Com a queda das liminares o Fisco muitas vezes não tinha como reaver garantias ou retomar cobranças em andamento. A situação foi, em um primeiro momento, corrigida jurisprudencialmente.

O STJ havia editado duas súmulas tratando do assunto. A Súmula nº 212 fixava que a compensação de créditos tributários não poderia ser deferida por medida liminar. A Súmula nº 213 fixou que o mandado de segurança constituía ação adequada para a declaração do direito à compensação tributária.

Mais tarde, a Lei Complementar nº 104/2001, inseriu um art. 170-A no CTN, vedando a compensação mediante o aproveitamento de tributo, objeto de contestação judicial pelo sujeito passivo, antes do trânsito em julgado da respectiva decisão judicial. Nessa mesma linha, por intermédio da Súmula nº 460 o STJ decidiu que é incabível o mandado de segurança para convalidar compensação tributária realizada pelo contribuinte.

A interpretação do art. 170-A do CTN exige uma acomodação em relação a discussões que se desdobravam antes de 2001. O STJ sinalizou com o entendimento de que a vedação da compensação antes do trânsito em julgado da decisão se aplica tão somente às demandas aforadas após a vigência do mencionado art. 170-A do CTN.

A compensação somente pode ocorrer entre tributos de competência da mesma unidade federada. Não se podem compensar tributos federais com tributos municipais ou tributos municipais com tributos estaduais e assim por diante. De igual modo, não se pode compensar tributos de espécies diferentes.

Há precedente do STJ, por exemplo, vedando a compensação entre créditos-prêmio de IPI com débitos de IRPJ. Ainda que a titularidade seja da União nos dois casos, a diferença entre as espécies tributárias foi levada em conta pela autoridade julgadora.

A compensação pode ser legal (depende de lei), ou ainda reconvencional, quando deduzida em juízo. A compensação não pode ser compulsória para uma das partes: o acordo de vontades é essencial para o seu implemento. De tal modo, na impressão de Rubens Gomes de Souza, um dos autores do CTN, "a compensação não pode ocorrer no Direito Tributário em caráter obrigatório, isto é, o fisco não pode ser obrigado a aceitar a extinção da obrigação por essa forma".

Há uma responsabilidade do Fisco para com o crédito público, que enseja inclusive responsabilização penal, e que tem como pressuposto a correta aferição dos valores a serem compensados, o que somente ocorre com a liquidação decorrente do trânsito em julgado da decisão.

Por isso, a compensação deve seguir as linhas gerais que informam o princípio da indisponibilidade dos bens públicos, de modo que, segundo Paulo de Barros Carvalho (2011), "a lei que autoriza a compensação pode estipular condições e garantias, ou instituir os limites para que a autoridade administrativa o faça (...) quer isso significar que, num ou noutro caso, atividade é vinculada, não sobrando ao agente público qualquer campo de discricionariedade (...)".

A matéria é regulamentada por lei ordinária, que dispõe que "nos casos de pagamento indevido ou a maior de tributos, contribuições federais, inclusive previdenciárias, e receitas patrimoniais, mesmo quando resultante de reforma, anulação, revogação ou rescisão de decisão condenatória, o contribuinte poderá efetuar a compensação desse valor no recolhimento de importância correspondente a período subsequente".[3]

As implicações da compensação com as contas públicas justificam intensa preocupação com a certeza do crédito do contribuinte. Referida preocupação para com a certeza do crédito fiscal levou à construção do art. 170-A do CTN, acrescentado pela Lei Complementar nº 104/2001. Há necessidade de que se constate a eficácia preclusiva da coisa julgada.

A **transação** é outra modalidade extintiva do crédito tributário. Depende de lei, que pode facultar, nas condições que estabeleça, aos sujeitos ativo e passivo da obrigação a possibilidade de concessões mútuas, que resulte no fim do litígio e consequente extinção de crédito tributário. É a lei quem deve indicar a autoridade competente para autorizar a transação em cada caso.

A transação é forma de extinção do crédito tributário, nos termos da Medida Provisória nº 899/2019, convertida na Lei nº 13.988, de 14 de abril de 2020. Referida lei estabelece os requisitos e as condições para que a União e os devedores ou as partes adversas realizem transação resolutiva de litígio. Como ponto de partida, dispôs-se que a União, em juízo de oportunidade e conveniência, poderá celebrar transação em quaisquer das modalidades previstas na MP, sempre que, motivadamente, entender que a medida atenda ao interesse público.

[3.] Art. 66 da Lei nº 8.383, de 30 de dezembro de 1991, na redação dada pela Lei nº 9.069, de 29 de junho de 1995.

Os acordos de transação deverão observar os princípios da isonomia, da capacidade contributiva, da transparência, da moralidade, da razoável duração dos processos e da eficiência e, resguardadas as informações protegidas por sigilo, o princípio da publicidade.

A União pode transacionar créditos tributários não judicializados sob a administração da Secretaria Especial da Receita Federal do Brasil do Ministério da Economia. Também pode fazê-lo em relação à dívida ativa e seus tributos, cuja inscrição, cobrança ou representação incumbam à Procuradoria-Geral da Fazenda Nacional (PGFN).

As regras de transação também valem, no que couber, à dívida ativa das autarquias e das fundações públicas federais, cuja inscrição, cobrança e representação incumbam à Procuradoria-Geral Federal (PGR) e aos créditos cuja cobrança seja competência da Procuradoria-Geral da União (PU), nos termos de ato do Advogado-Geral da União (AGU).

Há três modalidades de transação. Nomeadamente, proposta individual ou por adesão na cobrança da dívida ativa; transação por adesão nos demais casos de contencioso judicial ou administrativo tributário; e transação por adesão no contencioso administrativo tributário de baixo valor.

A transação na cobrança da dívida ativa da União poderá ser proposta pela PGFN, de forma individual ou por adesão, ou por iniciativa do devedor, ou pela PGF e pela PGU. Na proposta de transação devem ser expostos os meios para a extinção dos créditos nela contemplados. Na proposta, o devedor deverá assumir compromisso, no sentido de não utilizar a transação de forma abusiva, com a finalidade de limitar, falsear ou prejudicar de qualquer forma a livre concorrência ou a livre-iniciativa econômica.

O devedor também se compromete a não utilizar pessoa natural ou jurídica interposta para ocultar ou dissimular a origem ou a destinação de bens, de direitos e de valores, seus reais interesses ou a identidade dos beneficiários de seus atos, em prejuízo da Fazenda Pública federal. Também ao devedor incumbe não alienar nem onerar bens ou direitos sem a devida comunicação ao órgão da Fazenda Pública competente, quando exigível em decorrência de lei.

O devedor assume o compromisso de renunciar a quaisquer alegações de direito, atuais ou futuras, sobre as quais se fundem ações judiciais, incluídas as coletivas, ou recursos que tenham por objeto os créditos incluídos na transação, por meio de requerimento de extinção do respectivo processo com resolução de mérito.

De acordo com a lei que regula, a matéria da transação poderá dispor sobre descontos em créditos inscritos em dívida ativa da União que, a exclusivo critério da autoridade fazendária, sejam classificados como irrecuperáveis ou de difícil recuperação, desde que inexistam indícios de esvaziamento patrimonial fraudulento. Na transação, podem-se fixar prazos e formas de pagamento, incluído o diferimento e a moratória. E ainda, na transação o interessado trata do oferecimento, da substituição ou da alienação de garantias e de constrições.

Há matérias que não podem ser objeto de transação. Não se pode reduzir o montante principal do crédito inscrito em dívida ativa da União. Não se pode transacionar também multas de natureza penal. Não podem ser objeto de transação créditos referentes ao Simples Nacional, créditos de FGTS, bem como créditos que não estejam inscritos em dívida ativa da União.

Ainda que as partes possam convencionar de outro modo, a proposta de transação não suspende a exigibilidade dos créditos por ela abrangidos nem o andamento das respectivas execuções fiscais. Deve-se levar em conta também que a proposta de transação aceita não implica novação dos créditos por ela abrangidos.

A lei dispõe também que a aceitação da transação pelo devedor constitui confissão irretratável e irrevogável dos créditos por ela abrangidos, bem como que os créditos abrangidos pela transação somente serão extintos quando integralmente cumpridas as condições previstas no respectivo termo.

A transação pode ser rescindida. A lei indica quatro razões, nomeadamente: o descumprimento das condições, das cláusulas ou dos compromissos assumidos; a constatação, pelo credor, de ato tendente ao esvaziamento patrimonial do devedor como forma de fraudar o cumprimento da transação, ainda que realizado anteriormente à sua celebração; a decretação de falência ou de extinção, pela liquidação, da pessoa jurídica transigente; ou, ainda, a ocorrência de alguma das hipóteses rescisórias adicionalmente previstas no respectivo termo de transação.

Uma vez rescindida a transação, a dívida será cobrada integralmente, com a dedução dos valores pagos. Na hipótese de recuperação judicial, a Fazenda Pública pode requerer a convolação em falência.

Em transações que envolvam valores de alçada fixados por ato do Ministro da Economia, há necessidade de autorização do titular da pasta, que poderá delegar tal prerrogativa.

No caso da transação por adesão no contencioso de relevante e disseminada controvérsia jurídica, a proposta de acordo é do Ministro da Economia. Há necessidade de manifestação da PGFN e da Secretaria Especial da Receita Federal.

Importante ressaltar que, nesse caso, a proposta não pode ser invocada pelo contribuinte como fundamento jurídico ou prognose de sucesso da tese sustentada por qualquer das partes.

A proposta deverá ser divulgada na imprensa oficial e sítios dos respectivos órgãos na internet. Nesse caso, a legislação de regência exige edital que especifique, de maneira objetiva, as hipóteses fáticas e jurídicas nas quais a Fazenda Nacional propõe a transação. A adesão é aberta a quem se encontre na mesma situação fática e jurídica.

Por fim, dispõe-se que os agentes públicos que participarem do processo de composição do conflito, judicial ou extrajudicialmente, somente poderão ser responsabilizados, civil, administrativa ou penalmente, inclusive perante os órgãos públicos de controle interno e externo, quando agirem com dolo ou fraude para obter vantagem indevida para si ou para outrem.

A **remissão**, que consiste em perdão da dívida, por parte da entidade credora depende de lei, com subsequente concessão por despacho fundamentado da autoridade administrativa. A remissão pode ser total ou parcial. Deve-se levar em conta a situação econômica do devedor; erro ou ignorância escusáveis, quanto a matéria de fato; a diminuta importância do crédito tributário; considerações de equidade, em relação com as características pessoais ou materiais do caso; bem como, o que pode ser preponderante, as condições peculiares a determinada região do território da entidade tributante. Não há, no caso de remissão, direito adquirido em favor do contribuinte.

O rol de circunstâncias indicativas da extinção do crédito tributário continua com a **prescrição** e com a **decadência**. Diferenças entre decadência e prescrição não estão claras no Direito romano, ainda que os textos antigos mencionem a prescrição liberatória como causa extintiva de obrigação.

Conhecia-se uma forma de prescrição aquisitiva, da qual o exemplo mais acabado consistia na *usucapio*.

Dissemelhanças entre perda do direito propriamente dito e perda do direito de ação se acentuaram no Direito Privado. O Código de 1916 fixava prazos de decadência e prazos de prescrição. No Código de 2002 há uma prevalescência aos prazos de prescrição.

Em matéria tributária, a decadência (ou caducidade) fulmina a possibilidade de o Fisco constituir o crédito. A prescrição, por sua vez, consiste na possibilidade de o Fisco judicializar a cobrança, principalmente por intermédio de execução fiscal. O prazo decadencial não se suspende e nem se interrompe. O prazo prescricional pode ser suspenso e também pode ser interrompido.

O prazo de caducidade, que é de cinco anos, conta-se do primeiro dia do exercício seguinte àquele em que o lançamento poderia ter sido efetuado ou, ainda, da data em que se tornar definitiva a decisão que houver anulado, por vício formal, o lançamento anteriormente efetuado. A regra específica relativa ao lançamento por homologação. Nesse caso, se a lei não fixar prazo à homologação, será ele de cinco anos, a contar da ocorrência do fato gerador.

Além do que, expirado esse prazo sem que a Fazenda tenha se pronunciado, considera-se homologado o lançamento e definitivamente extinto o crédito, salvo se comprovada a ocorrência de dolo, fraude ou simulação. No caso das contribuições previdenciárias, como já visto, vige a Súmula Vinculante nº 8 do STF, no sentido de que o prazo decadencial seja de cinco anos.

O prazo prescricional, que também é de cinco anos, é contado a partir da constituição definitiva do crédito. Ao contrário dos prazos de caducidade, os prazos de prescrição podem ser interrompidos nas seguintes hipóteses: pelo despacho do juiz que ordenar a citação em execução fiscal; pelo protesto judicial; por qualquer ato judicial que constitua em mora o devedor; bem como por qualquer ato inequívoco ainda que extrajudicial, que importe em reconhecimento do débito pelo devedor.

Deve-se levar em conta que a interrupção da prescrição, em favor ou contra um dos obrigados, favorece ou prejudica aos demais. O prazo prescricional do FGTS é de cinco anos, de acordo com o decidido pelo STF.

5.12 Exclusão do crédito tributário

A exclusão do crédito tributário se faz mediante a ocorrência da isenção ou da anistia. Em matéria de exclusão do crédito tributário, o acessório também não segue ao principal. É que a exclusão do crédito tributário não dispensa o cumprimento das obrigações acessórias dependentes da obrigação principal cujo crédito seja excluído, ou dela consequente.

Exemplifica-se com a legislação do Imposto de Renda. Quem quer que seja isento do recolhimento dessa exação não está desobrigado a encaminhar anualmente declarações de ajuste, inclusive para comprovar as razões pelas quais se enquadra na hipótese.

Nos termos do CTN, a isenção, ainda quando prevista em contrato, é sempre decorrente de lei que especifique as condições e requisitos exigidos para a sua concessão, os tributos a que se aplica e, sendo caso, o prazo de sua duração.

O CTN também dispõe que a isenção pode ser restrita a determinada região do território da entidade tributante, em função de condições a ela peculiares. Via de regra as isenções se aplicam aos impostos, não se estendendo às taxas e às contribuições de melhoria. A isenção também não alcança aos tributos instituídos posteriormente à sua concessão.

Também de acordo com o CTN, a isenção, salvo se concedida por prazo certo e em função de determinadas condições, pode ser revogada ou modificada por lei a qualquer tempo. A jurisprudência do STJ é firme no sentido de reconhecer que isenções podem ser modificadas ou revogadas a qualquer tempo.

Eventual invocação de direito adquirido exige implemento de condição onerosa, nos exatos termos do art. 178 do CTN. Entende-se que a isenção, ainda que concedida a prazo certo, pode ser modificada ou revogada a qualquer tempo. Como resultado, a isenção somente gera direito adquirido quando, fixada para prazo certo, tenha sido outorgada mediante o implemento de condição onerosa.

O Direito Tributário brasileiro não admite a irrevogabilidade de isenções concedidas, a menos que o interessado atenda requisitos de prazo certo e condições anteriormente determinadas. Não há, assim, direito adquirido a favor fiscal. De tal modo, a irrevogabilidade da isenção concedida só ocorrerá se atendidos requisitos de prazo certo e demais condições determinadas.

Conjunto expressivo de julgados aponta para a compreensão de que eventual direito adquirido a regime de isenção teria como pressuposto o atendimento comprovado dos requisitos de prazo e condição.

Aplica-se recorrentemente o art. 178 do CTN, que é referencial interpretativo para o tema da revogação das isenções, e que se aplica aos demais favores fiscais. Excetua-se, naturalmente, a regra constitucional da imunidade, dado que, nesse caso, há necessidade de ajuste por intermédio de emenda constitucional.

No caso de isenções não concedidas em caráter geral, há necessidade de despacho da autoridade administrativa, em requerimento com o qual o interessado faça prova do preenchimento das condições e do cumprimento dos requisitos previstos em lei ou contrato para sua concessão.

A segunda modalidade de exclusão do crédito tributário consiste na **anistia**. Nesse caso, não se tem o perdão do tributo devido. O que se dispensa é o recolhimento do devido por infrações, desde que cometidas anteriormente à vigência da lei que a concedeu.

Nos termos do CTN, a anistia não se aplica aos atos qualificados em lei como crimes ou contravenções e aos que, mesmo sem essa qualificação, sejam praticados com dolo, fraude ou simulação pelo sujeito passivo ou por terceiro em benefício daquele. Também não há anistia em favor de infrações resultantes de conluio entre duas ou mais pessoas naturais ou jurídicas. A anistia pode ser concedida tanto em caráter geral quanto em caráter limitado.

5.13 Garantias e privilégios do crédito tributário

O interesse público e a sua consequente indisponibilidade justificam que se concedam garantias e privilégios ao crédito tributário. O princípio da supremacia do interesse público foi positivado na Lei nº 9.784, de 29 de janeiro de 1999.

Interesses primários seriam aqueles objetivamente identificados como de interesse comum, e de abrangência aferível, no sentido de que alcance o número de interessados, ou pelo menos o impacto desses interesses. É o caso, por exemplo, da educação, da segurança e da saúde públicas. Interesses secundários atenderiam aos objetivos do governante, fomentariam políticas públicas vinculadas à agenda do detentor do poder. Nem sempre interesses secundários se confundiriam com interesses primários. Tem-se, em linhas gerais, fracionamento entre Estado e Governo.

Dispõe o CTN que, sem prejuízo dos privilégios especiais sobre determinados bens, que sejam previstos em lei, responde pelo pagamento do crédito tributário a totalidade dos bens e das rendas, de qualquer origem ou natureza, do sujeito passivo, seu espólio ou sua massa falida, inclusive os gravados por ônus real ou cláusula de inalienabilidade ou impenhorabilidade, seja qual for a data da constituição do ônus ou da cláusula, excetuados unicamente os bens e rendas que a lei declare absolutamente impenhoráveis. Essa regra é abrangente e sua amplitude interpretativa prestigia os interesses da Fazenda Pública.

Além do que, também dispõe o CTN que se presume fraudulenta a alienação ou oneração de bens ou rendas, ou seu começo, por sujeito passivo em débito para com a Fazenda Pública, por crédito tributário regularmente inscrito como dívida ativa. Tem-se um tipo especial de fraude contra credores. Excepciona-se essa regra, no entanto, na hipótese de terem sido reservados, pelo devedor, bens ou rendas suficientes ao total pagamento da dívida inscrita.

Em 2005, essas garantias foram ampliadas, por intermédio do disposto na Lei Complementar nº 118. A partir de então, na hipótese de o devedor tributário, devidamente citado, não pagar nem apresentar bens à penhora no prazo legal e não forem encontrados bens penhoráveis, o juiz determinará a indisponibilidade de seus bens e direitos, comunicando a decisão, preferencialmente por meio eletrônico, aos órgãos e entidades que promovem registros de transferência de bens, especialmente ao registro público de imóveis e às autoridades supervisoras do mercado bancário e do mercado de capitais, a fim de que, no âmbito de suas atribuições, façam cumprir a ordem judicial. Naturalmente, a indisponibilidade, quando decretada, limita-se ao valor total exigível.

Também de acordo com o CTN, o crédito tributário prefere a qualquer outro, seja qual for sua natureza ou o tempo de sua constituição, ressalvados os créditos decorrentes da legislação do trabalho ou do acidente de trabalho. No entanto, há limites para o aproveitamento dos créditos trabalhistas e de infortunística.

Na hipótese de falência, ainda segundo o CTN, o crédito tributário não prefere aos créditos extra concursais ou às importâncias passíveis de restituição, nos termos da Lei de Falências, nem aos créditos com garantia real, no limite do valor do bem gravado.

No caso das execuções fiscais, a cobrança não é sujeita a concurso de credores ou habilitação em falência, recuperação judicial, concordata, inventário ou arrolamento. Na hipótese em que se tenha o concurso de preferência, esse somente ocorre entre pessoas jurídicas de direito público, obedecendo-se a uma ordem. Há preponderância dos créditos da União, seguidos dos créditos dos Estados, Distrito Federal e Territórios, conjuntamente e *pro rata*. Por fim, os créditos dos Municípios, conjuntamente e também *pro rata*.

Também no contexto das garantias e privilégios do crédito tributário há uma série de exigências relativas à prova da quitação de tributos. É o caso da extinção das obrigações do falido, da concessão de recuperação judicial, bem como das sentenças de julgamento de partilha ou adjudicação.

As garantias e privilégios do crédito tributário se completam com regra determinando que, salvo quando expressamente autorizado por lei, nenhum departamento da administração pública da União, dos Estados, do Distrito Federal, ou dos Municípios, ou sua autarquia, celebrará contrato ou aceitará proposta em concorrência pública sem que o contratante ou proponente faça prova da quitação de todos os tributos devidos à Fazenda Pública interessada, relativos à atividade em cujo exercício contrata ou concorre. Essa determinação se realiza mediante a exigência para que o interessado comprove, mediante certidão, a regularidade fiscal.

5.14 Dívida ativa

A dívida ativa é aquela regularmente inscrita na repartição administrativa competente, depois de esgotado o prazo fixado, para pagamento, pela lei ou por decisão final proferida em processo regular. O documento que qualifica a dívida ativa deve obedecer ao disposto no CTN.

A certidão de dívida ativa deve espelhar o nome do devedor e, sendo caso, o dos corresponsáveis, bem como, sempre que possível, o domicílio ou a residência de um e de outros; a quantia devida e a maneira de calcular os juros de mora acrescidos; a origem e natureza do crédito, mencionada especificamente a disposição da lei em que seja fundado; a data em que foi inscrita; por fim, sendo caso, o número do processo administrativo de que se originar o crédito.

A dívida regularmente inscrita goza da presunção de certeza e liquidez e tem o efeito de prova pré-constituída. Essa presunção é relativa, isto é, admite prova em contrário, podendo ser desconstituída pelo devedor ou terceiro a que aproveite. Essa regra, que é do CTN, é reproduzida no art. 3º da Lei de Execuções Fiscais (Lei nº 6.830/1980).

6

As espécies tributárias

Na estrutura original do CTN, os tributos se dividiam em impostos, taxas e contribuições de melhoria. Essa classificação remonta à concepção estrutural de tributos não vinculados (impostos) e tributos vinculados (taxas). O sistema tributário brasileiro contemporâneo contempla as seguintes espécies tributárias: impostos, taxas, contribuições de melhoria, empréstimos compulsórios e contribuições (sociais e profissionais ou corporativas).

6.1 Impostos

O CTN define o imposto como o tributo cuja obrigação tem por fato gerador uma situação independente de qualquer atividade estatal específica, relativa ao contribuinte. São diretos, quando incidem sobre o contribuinte de direito, a exemplo do imposto de renda. São indiretos nas hipóteses em que há uma transferência (com base legal) do contribuinte de direito para o contribuinte de fato, como ocorre no IPI e no ICMS.

Há no conceito de imposto um sentido de generalidade; isto é, do imposto, o contribuinte não pode esperar qualquer atividade ou serviço específico. Não há no imposto qualquer vínculo com contraprestação ou fixação de destinação. Há notícias de entes públicos que anunciam que aplicam os recursos do IPVA, por exemplo, para a melhoria das rodovias, o que, no entanto, não conta com fundamentação legal.

Impostos são destinados ao atendimento de despesas públicas gerais ou, mais precisamente, para demandas *uti universi*, que não são divisíveis ou individualizadas. Exemplifica-se com a segurança pública, que não pode ser remunerada por meio de qualquer forma de taxa, como reiteradamente decidido pelo STF.

Na base há os impostos classificados como ordinários, porque radicam no texto constitucional. Lembremo-nos de que a Constituição não cria tributos. A Constituição apenas autoriza que os entes da Federação o façam. Há também a categoria de impostos chamados de extraordinários. Nesse caso, a competência para sua instituição é exclusiva da União. São os impostos que podem ser criados em caso de guerra ou de sua iminência.

Os impostos são adicionais quando seu fato gerador ocorre com o pagamento de um outro imposto. É o que ocorreu quando da promulgação da Constituição de 1988, até a Emenda Constitucional nº 3, quando havia um adicional de imposto de renda, cobrado em favor dos estados.

Os impostos são fixos quando o *quantum* cobrado é anteriormente fixado. Não há dependência para com cálculos; o ISS exemplifica essa modalidade. O contribuinte sabe de antemão o quanto deve pagar, balizando-se por tabelas que indicam alíquotas e bases de cálculo.

Uma extensa lista alcança, especialmente, profissionais liberais e trabalhadores que atuam por conta própria. Os impostos são proporcionais quanto há um percentual fixo que incide sobre a matéria tributável, como o que ocorre com o ICMS e com o IPI.

Os impostos são progressivos quando as alíquotas são variáveis e crescentes. Os índices podem ser alterados. A progressividade do IPTU, por exemplo, ilustra esse modelo. As tabelas progressivas do Imposto de Renda também ilustram essa modalidade.

Os impostos são regressivos quando não se leva em conta a capacidade econômica do contribuinte. Geralmente, contribuintes com menor poder aquisitivo pagam mais justamente porque as alíquotas são fixadas independente da capacidade contributiva; o ICMS e o IPI ilustram esse modelo. Impostos regressivos resultam em injustiça fiscal.

Os impostos são reais quando incidem sobre determinado patrimônio fisicamente aferível, o IPTU, o IPVA e o ITR correspondem a esse modelo. O referencial tributável é a coisa, e não a pessoa. Os impostos são pessoais quando se leva em conta a capacidade econômica do contribuinte, como ocorre com o imposto de renda. Incidem efetivamente sobre uma determinada pessoa.

Há também impostos classificados como cumulativos. Em todas as vezes em que as operações se processam, a incidência ocorre. O imposto de transmissão de bens imóveis é um exemplo desse modelo.

Os impostos não cumulativos permitem mecanismos de dedução e de acumulação de créditos, que são descontados e destacados na medida em que as operações se desdobram. Geralmente, os impostos não cumulativos caracterizam impostos como o IPI e o ICMS. Há também regime de cumulatividade e de não cumulatividade em relação a contribuições sociais.

Os impostos são fiscais quando o objetivo é meramente arrecadatório. São extrafiscais quando o objetivo é a intervenção na ordem econômica. São parafiscais quando se destinam a autarquias e órgãos que funcionam paralelamente ao Estado, a exemplo das entidades de classe; nesse caso, as contribuições pagas para a OAB ilustram o modelo.

Os impostos diretos alcançam um determinado contribuinte, e não há o fenômeno da repercussão efetiva. Não há transferência da obrigação a terceiros. O Imposto de Renda ilustra essa modalidade.

Nos impostos chamados indiretos, o encargo do pagamento pode ser transferido a outra pessoa, no contexto da cadeia do consumo. O ICMS é um exemplo de imposto indireto. Há necessidade de técnicas mais apuradas de fiscalização, a exemplo das notas fiscais eletrônicas, hoje em operação em várias unidades da Federação.

Impostos residuais podem ser criados pela União. Dependem de lei complementar. Não há notícias da criação de impostos residuais.

Há também um conceito de imposto único. Esse imposto incidiria sobre as operações financeiras. Ao longo dos anos 1990, quando foi debatido, era também conhecido como o imposto sobre os cheques. O objetivo era uma incidência única, o que garantiria simplicidade para o sistema, com bons resultados para a arrecadação.

Foi a origem de um imposto provisório sobre as movimentações financeiras (IPMF), que mais tarde foi transformado em contribuição provisória sobre movimentações financeiras (CPMF). Em dezembro de 2007, o Senado rejeitou uma proposta governamental de prorrogar a CPMF até 2011. O Governo admitiu até alterar o modelo, com alíquotas menores e com destinação específica. Com a rejeição, apagou-se o que sobrou da ideia de um imposto único, que na verdade foi apenas mais um.

Os impostos são federais quando à União compete instituí-los. São estaduais quando a competência é dos Estados e são municipais quando a competência instituidora é dos Municípios. O Distrito Federal detém competência para instituir, lançar e cobrar impostos estaduais e municipais.

6.2 Impostos federais

Entre os impostos de competência federal, há previsão constitucional para a criação de um **Imposto sobre as Grandes Fortunas (IGF)**. Há projeto de lei tramitando no Senado, datado de 2011, que fixa como base de cálculo para o IGF o patrimônio superior a R$ 2,5 milhões. A exemplo do que ocorre com o imposto de renda, cogita-se da utilização de faixas de contribuição. As alíquotas seriam progressivas chegando a 2,5% na hipótese de patrimônios superiores a R$ 40 milhões. O projeto isenta, entre outros, imóveis de residência do contribuinte, no valor até R$ 1 milhão, bens de produção e instalações utilizadas para obtenção de rendimentos de trabalho autônomo no valor até R$ 1,5 milhão.

Questiona-se teoricamente como se daria a incidência de um imposto sobre as grandes fortunas entre nós. Há argumentos no sentido de que a incidência seria única, e que ocorreria quando o sujeito passivo detivesse (alcançasse) o patamar do que a lei definiria como grande fortuna. É que, alega-se em favor dessa tese, não seria producente que esse imposto, uma vez criado, fosse cobrado todos os anos, a exemplo de impostos tradicionais que incidem sobre o patrimônio do contribuinte.

O imposto sobre grandes fortunas exige lei complementar para definir sua base de cálculo e o montante tributável. O conceito de "grande fortuna" não é claro e também não é objeto de consenso. Há uma indeterminação que obstaculiza a discussão relativa à efetiva criação desse imposto.

No Direito Comparado há notícias relativas ao imposto sobre grandes fortunas na França, criado em 1981 (por François Mitterrand, que era do partido socialista), extinto por Jacques Chirac em 1986, e que Mitterand recriou em 1988.

Há uma interessante peculiaridade no imposto sobre as grandes fortunas que vige na França. No grupo de contribuintes estão inscritas somente pessoas físicas. Isto é, não incide o imposto sobre grandes fortunas em relação a pessoas jurídicas. Há também notícias de que o imposto sobre grandes foi criado, e no mais das vezes extinto, em países como Itália, Japão, Finlândia, Islândia, Holanda e Noruega.

6.2.1 Imposto de Renda (IR)

O modelo do Imposto de Renda se originou da experiência norte-americana do *income tax*. No Brasil, foi instituído pela Lei nº 4.625/1922. Ainda no século XIX, foi defendido pelos Viscondes de Jequitinhonha e de Ouro Preto, pelo Barão do Rosário, por Rui Barbosa (que foi ministro da fazenda de Deodoro da Fonseca) e por Mário Brandt.

Em 1843, houve um imposto sobre rendimentos, que logo em seguida foi revogado. Incidia sobre subsídios, vencimentos, dividendos, conquanto que pagos pelos cofres públicos. Em 1867, durante a Guerra do Paraguai, a Lei nº 1.057 fixou instruções para a criação de um imposto pessoal. Em 1891, Rui Barbosa retomou a ideia de criação de imposto sobre a renda.

A Constituição de 1891 outorgou aos estados competência para a cobrança de impostos sobre indústrias e profissões. Em 1922, a ideia vingou no art. 31 da Lei n° 4.625 (Lei do Orçamento): "Fica instituído o imposto geral sobre a renda, que será devido anualmente, por toda pessoa física ou jurídica, residente no território do país, e incidirá, em cada caso, sobre o conjunto líquido dos rendimentos de qualquer origem". As alíquotas variavam de 0,5 a 0,8% sobre rendimentos líquidos.

O IR é regido pelos seguintes princípios gerais: estrita legalidade (é vedado à União exigir ou aumentar tributo sem que a lei o estabeleça, art. 150, I), igualdade (é vedado à União instituir tratamento desigual entre contribuintes que se encontram em situação equivalente, art. 150, II), irretroatividade (é vedado à União a cobrança de tributos em relação a fatos geradores ocorridos antes do início da vigência da lei que os houver instituído ou aumentado, art. 150, III, *a*), anterioridade (é vedado à União cobrar tributos no mesmo exercício financeiro em que haja sido publicada a lei que os instituiu ou aumentado, art. 150, III, *b*) e vedação do confisco (o tributo não pode ser utilizado com propósitos confiscatórios, 150, IV).

O IR também conta com alguns princípios que lhe são específicos: generalidade (que predica uma abrangência subjetiva, no sentido de que incide todas as pessoas, físicas e jurídicas, ressalvadas as imunidades e isenções), universalidade (que substancializa uma abrangência objetiva, isto é, paga-se sobre rendas e proventos, a par do acréscimo patrimonial, sem se levar em conta a origem dos recursos) e progressividade (as alíquotas sobem na proporção do aumento das bases de cálculo).

O fato gerador do IR é a disponibilidade econômica ou jurídica de renda (produto do capital, do trabalho, ou combinação de ambos) e de proventos de qualquer natureza (acréscimos patrimoniais não compreendidos no conceito de renda).

O conceito de renda é um conceito normativo, isto é, é o legislador quem o define. No caso das pessoas físicas, a base de cálculo é aferida pelos rendimentos e pelo acréscimo patrimonial.

Quanto às pessoas jurídicas, é o montante do lucro real, presumido ou arbitrado. O lucro real consiste no lucro líquido da pessoa jurídica. O lucro presumido segue um modelo simplificado, e é uma opção do contribuinte que atenda exigências legais. O lucro arbitrado é determinado pela autoridade fiscal, quando o contribuinte deixe de atender obrigações tributárias acessórias. A base de cálculo que informa o arbitramento é o valor do ativo, do capital social, do patrimônio líquido, da folha de pagamento dos empregados, dos aluguéis das instalações, ou ainda o lucro líquido dos períodos anteriores.

São contribuintes do IR as pessoas físicas residentes no país que recebem rendimentos tributáveis, bem como as pessoas físicas não residentes que recebam rendimentos de fontes situadas no Brasil. São também contribuintes do IR as pessoas jurídicas que operam no Brasil e se enquadram nas bases de cálculo de lucro real, presumido ou arbitrado. São responsáveis pelo recolhimento do IR as pessoas que devem efetuar desconto na fonte. O IR é lançado por homologação.

A legislação prevê rendimentos isentos e não tributáveis (com limites) a exemplo de gastos com alimentação, transporte, uniformes de trabalho fornecidos gratuitamente pelo empregador, indenizações por acidente de trabalho, indenizações e aviso prévio pagos por despedida ou rescisão de contrato de trabalho, por dissídio coletivo e convenções trabalhistas homologadas pela Justiça do Trabalho. Da mesma maneira, montantes recebidos a título de FGTS, valores creditados em cotas individuais de PIS/PASEP, proventos de aposentadoria por acidente em serviço ou moléstia profissional.

Isenções e não incidência se estendem também para bolsas de estudo e de pesquisa caracterizadas como doação, seguro-desemprego, auxílio-natalidade, auxílio-doença, auxílio-funeral, auxílio-acidente, pecúlio recebido em conta única de entidades de previdência privada, capital de apólices de seguro pago por companhia seguradora em virtude de morte do segurado, indenizações recebidas por liquidação de sinistro, furto ou roubo, relativa ao objeto segurado.

No caso de servidores no exterior a serviço do país, os rendimentos do trabalho assalariado recebidos, em moeda estrangeira, por residentes no Brasil, de repartição do governo brasileiro situadas no exterior, estão sujeitas ao imposto de renda.

Os rendimentos em moeda estrangeira devem ser convertidos em reais mediante utilização do dólar dos EUA, fixado para compra pelo Banco Central do Brasil para o último dia útil da primeira quinzena do mês anterior ao do pagamento do rendimento. Na determinação da base de cálculo mensal e na declaração de rendimentos são tributados 25% do total dos rendimentos.

6.2.2 Imposto sobre Importação (II)

O II tem como fato gerador a entrada de produtos importados no território nacional. O Poder Executivo pode, nas condições e nos limites estabelecidos em lei, alterar suas alíquotas ou bases de cálculo do imposto, a fim de ajustá-lo aos objetivos da política cambial e do comércio exterior, fazendo-o por intermédio de portaria do Ministro da Economia.

Nesse sentido, não há submissão aos princípios da anterioridade e da anterioridade nonagesimal. A majoração pode ser cobrada no mesmo ano em que instituída. Pode também haver revogação de benefícios fiscais e de isenções que alcançam o imposto de importação sem que se observe as regras da anterioridade e da anterioridade nonagesimal.

O contribuinte é o importador ou quem a lei a ele equiparar; ou o arrematante de produtos apreendidos ou abandonados. Presentemente, sua importância é maior no campo da extrafiscalidade, no sentido de regulamentar a concorrência de produtos estrangeiros no Brasil. O lançamento do II é feito por homologação.

As linhas gerais do II estão no Decreto-lei nº 37/1966. O Decreto nº 6.759/2009, trata das atividades aduaneiras e de fiscalização. O II é componente central do Sistema de Comércio Exterior (Siscomex). A atualização das tabelas de tarifa aduaneira comum é feita pelas Resoluções da Secretaria-Executiva da Câmara de Comércio Exterior (Camex).

O *dumping* é um instituto conexo ao II. Trata-se da importação de mercadorias estrangeiras por preços inferiores aos preços internamente praticados. Há também fortíssima incidência e influência das normas do GATT (Acordo Geral sobre Tarifas e Comércio), um acordo internacional que remonta a 1947.

O Brasil é signatário do GATT. Na origem, trata-se de ajuste internacional que objetiva fixar normas para o comércio internacional, bem como auxiliar (ainda que indiretamente) que sejam reduzidas as fronteiras tributárias e aduaneiras. O objetivo maior, e a longo prazo, consiste na redução das barreiras comerciais, que também significam, no limite, barreiras aduaneiras.

O imposto de importação, bem como o de exportação, são vinculados à prática do comércio internacional. Tem suas incidências marcadas por graus de mobilidade de fatores de produção, natureza dos mercados importadores, barreiras aduaneiras, restrições fitossanitárias, a par de definições de reexportação e de reimportação.

A reimportação se refere ao retorno a um determinado país, de mercadoria produzida internamente, com transformação feita pelo país que reenvia. Na reexportação, tem-se a entrada em um determinado país, de mercadoria produzida em outro país, com vistas a venda posterior em outro país, ocorrendo ou não transformação na mercadoria originária.

Nos impostos incidentes sobre o comércio exterior (importação e exportação), há a figura do *drawback*. O *drawback* consiste na possibilidade de restituição de tributo recolhido na importação ou exportação de mercadorias, ou ainda na devolução de tributo incidente sobre matéria-prima ou componente utilizada na produção. O objetivo é o incentivo à exportação.

Impostos sobre comércio exterior também envolvem o tema dos portos livres e das zonas francas. No porto livre, a autoridade fiscal não tributa, nem mesmo se a inspeção aduaneira regular. Geralmente se localizam na orla. Há autorização para que as embarcações atraquem e que as mercadorias sejam descarregadas, sem os procedimentos regulares.

O porto franco é uma área geograficamente mais ampla do que a área de uma zona franca. A zona franca é uma área de tratamento tributário diferenciado, situada em uma região alfandegada.

Necessária uma referência à Zona Franca de Manaus. São cerca de 600 indústrias. A Superintendência da Zona Franca de Manaus (Suframa) administra a área. A Zona Franca de Manaus foi criada em 1967. O objetivo consistia na possibilidade do uso de incentivos fiscais por um prazo inicial de 30 anos, o que resultaria na criação de um polo industrial, que se concebia como necessário para o desenvolvimento da região.

Temas referentes à Zona Franca de Manaus são recorrentemente judicializados. Exemplifica-se com a Súmula nº 640 do STJ, que após longa discussão fixou entendimento no sentido de que alguns benefícios fiscais alcançariam as operações de venda de mercadorias de origem nacional para a Zona Franca de Manaus, para consumo, industrialização e reexportação para o estrangeiro. À época o tema central era o Regime Especial de Reintegração de Valores Tributários para as Empresas Exportadoras (Reintegra). Isto é, tem-se uma continuidade de benefícios que desoneram produtos e matérias-primas, sempre no contexto da extrafiscalidade, vale dizer, da utilização da tributação para o fomento da região. Há várias áreas de livre-comércio que se interligam à Zona Franca de Manaus, a exemplo de Tabatinga, Macapá-Santana e Guajará-Mirim, a par de áreas de coordenação regional (Boa Vista), Itacoatiara, Porto Velho, Ji-Paraná, Vilhena, Rio Branco e Cruzeiro do Sul). A Zona Franca de Manaus é um exemplo da utilização da tributação para fins de estímulo à economia, o que enfatiza o sentido extrafiscal da tributação.

A pena de perdimento da mercadoria é tema importante relativo ao II. O STJ entendeu que o recolhimento do tributo não é condição suficiente para que não se possa aplicar a pena administrativa de perdimento da mercadoria.[1] No caso, o produto importado fora adulterado, com a pretensão de que o consumidor pensasse que se tratava de um produto nacional. A pena de perdimento, na hipótese, não tinha como causa o

---

[1.] STJ, REsp 1.385.366/ES, relatado pelo Min. Hermann Benjamin, julgado em setembro de 2016.

inadimplemento do imposto. Constatou-se que a pena de perdimento decorria do descumprimento de norma alfandegária.

Importante observar que o ingresso ilegal de produtos no Brasil não permite que se faça o desembaraço aduaneiro, isto é, a operação de internalização da mercadoria. Os bens ilegalmente importados serão apreendidos e subsequentemente levados a leilão. O recolhimento do imposto estará a cargo do arrematante.

6.2.3 Imposto sobre Exportação (IE)

Esse imposto incide na exportação, para o estrangeiro, de produtos nacionais ou nacionalizados. Tem como fato gerador a saída desses produtos do território nacional. De acordo com entendimento do STJ, o fato gerador do imposto de importação se dá com o registro de venda no Siscomex.[2]

Trata-se de um sistema administrativo criado em 1992, e ligado ao Ministério da Economia. O Siscomex tem como órgãos gestores a Secretaria da Receita Federal, a Secretaria de Comércio Exterior e o Banco Central do Brasil. Na qualidade de anuentes participam, entre outros, o Ministério da Agricultura, o Ministério da Saúde e o IBAMA. A competência do Siscomex alcança todas as atividades ligadas ao comércio exterior.

A exemplo do que ocorre com o imposto de importação, o Poder Executivo pode, nas condições e nos limites estabelecidos em lei, alterar as alíquotas ou as bases de cálculo do imposto de exportação, a fim de ajustá-los aos objetivos da política cambial e do comércio exterior, fazendo-o por intermédio

---

[2] STJ, REsp 964.151, julgado em 2008.

de portaria do Ministro da Economia. O contribuinte do imposto é o exportador ou quem a lei a ele equiparar.

O IE conta com seus contornos normativos centrais no Decreto-lei n° 1.578/1977. O cálculo desse imposto exige análise do valor do produto, do transporte, dos gastos com carga e descarga, bem como com os preços de seguro. O IE tem fortíssima natureza extrafiscal. O IE alcança a exportação para outro país, não incidindo nas operações internas, nas quais as mercadorias circulam entre Estados.

Com o objetivo de se incentivar a exportação, praticamente se estende a isenção ou a alíquota zero para quase todos os produtos exportados. No entanto, há incidência de IE para armas e munições (150%), cigarros (150%), couros e peles em bruto, de equídeos e de bovinos (9%), concentrados de açúcar, leite e creme de leite (100%), bem como castanha de caju com casca, na hipótese de exportações acima de 10 mil toneladas (30%).

O IE remonta à época de D. João VI. Ainda em julho de 1808, uma carta régia criou um imposto de 600 réis por arroba de algodão exportado. Direitos de entrada e saída de mercadorias e produtos representavam boa parte das receitas públicas.

A imposição consistia no pagamento de 600 réis por arroba de todo algodão que se exportasse para todos os portos, que não fossem os do Brasil. Os valores arrecadados deveriam ser enviados semestralmente ao Real Erário, pelas Juntas da Fazenda.

Ao longo da República Velha (1889-1930) o IE era de competência estadual e tinha uma incidência ampla. Os Estados produtores de café, São Paulo e Minas Gerais conseguiriam que o imposto ficasse na competência dos Estados, o que lhes garantia o livre acesso aos recursos gerados por esse imposto.

6.2.4 Imposto sobre a Propriedade Territorial Rural (ITR)

O ITR tem como fato gerador a propriedade, o domínio útil ou a posse de imóvel por natureza, como definido na lei civil, localização fora da zona urbana do Município. A base de cálculo é o valor da terra nua (VTN). O contribuinte é o proprietário do imóvel, o titular de seu domínio útil, ou o seu possuidor a qualquer título.

Prepondera no ITR a progressividade como desestímulo à manutenção de propriedades improdutivas. Há isenção para o imóvel rural compreendido em programa oficial de reforma agrária, caracterizado como assentamento, que, cumulativamente, atenda aos seguintes requisitos: a) seja explorado por associação ou cooperativa de produção; b) a fração ideal por família assentada não ultrapasse os limites estabelecidos no artigo anterior; c) o assentado não possua outro imóvel.

No cálculo do VTN, toma-se o valor do imóvel, excluindo-se os valores relativos a construções, instalações e benfeitorias; culturas permanentes e temporárias; pastagens cultivadas e melhoradas e florestas plantadas. Na fixação da área tributável, excetuam-se as áreas de preservação permanente, de reserva legal, bem como de interesse ecológico para a proteção dos ecossistemas, assim declaradas mediante ato do órgão competente, federal ou estadual. As linhas gerais do ITR estão na Lei nº 9.393/1996. Deve-se observar também a Lei nº 11.250/2005, que trata dos convênios entre a União e os municípios.

De acordo com a Constituição, a União pode celebrar convênio com os Municípios, que podem optar pelo lançamento e fiscalização do tributo, quando ficam com todo o produto arrecadado, vedando-se isenções e não incidências. Regularmente, sem que participem do lançamento e da arrecadação, os Municípios ficam com metade dos valores cobrados nas propriedades rurais que se encontrem em seus limites territoriais.

Vários municípios vêm aderindo ao convênio. Por exemplo, no Estado de São Paulo há 397 municípios que fizeram essa opção. Entre os mais conhecidos, Bauru, Birigui, Botucatu, Bragança Paulista, Araçatuba, Itapetininga, Itu, Jaboticabal, Jau, Limeira, Ribeirão Preto e Votuporanga, entre outros. Os Extratos de Convênios, publicados no *Diário Oficial da União*, são documentos sintéticos que indicam a natureza, o objeto e a vigência. Esta última, geralmente, com prazo indeterminado.

A adesão também é simplificada. O representante do Município interessado deve acessar ao sistema e-CAC da Receita Federal e assinar um termo de opção, utilizando um certificado digital. O termo de opção é normatizado pela Instrução Normativa RFB nº 1.954, de 21 de maio de 2020.

O ente federativo deve dispor de estrutura tecnológica suficiente para acessar aos sistemas da Receita Federal. Deve comprovar que dispõe de lei vigente instituidora de cargo com atribuição de lançamento dos créditos do ITR. Deve também comprovar que conta com servidor aprovado em concurso público de provas ou de provas e títulos para o cargo responsável pelo lançamento do tributo. Deve também haver uma opção Domicílio Tributário Eletrônico, a par de um certificado digital do Município (e-CNPJ).

6.2.5 Imposto sobre Produtos Industrializados (IPI)

O IPI tem como fato gerador a saída de produtos industrializados dos estabelecimentos, o desembaraço aduaneiro, quando de procedência estrangeira, a par de sua arrematação, quando apreendido ou abandonado e levado a leilão. De acordo com o CTN, considera-se industrializado o produto que tenha sido submetido a qualquer operação que lhe modifique a natureza ou a finalidade, ou o aperfeiçoe para o consumo.

Há uma diferença entre produto, produto industrializado e mercadoria. O produto se refere a qualquer bem que derive de uma transformação da natureza. O produto industrializado se refere a operação de modificação da natureza ou da finalidade, ou mesmo de aperfeiçoamento para consumo, com fins precípuos de comercialização. Neste último caso, a destinação é o elemento essencial, o que qualifica uma mercadoria.

Ao IPI se aplicam os princípios da seletividade e da não cumulatividade. É seletivo porque suas alíquotas são fixadas em função da essencialidade dos produtos. Quanto à seletividade, há uma diferença entre o IPI e o ICMS. A seletividade do ICMS é facultativa. A Constituição dispõe que esse imposto **poderá** ser seletivo. No caso do IPI a seletividade é obrigatória. A Constituição dispõe que o IPI **será** seletivo. O IPI é não cumulativo porque o montante devido resulte da diferença a maior, em determinado período, entre o imposto referente aos produtos saídos do estabelecimento e o pago relativamente aos produtos nele entrados.

O IPI pode ter suas alíquotas alteradas por decreto do Presidente da República. Há uma tabela que fixa as alíquotas do IPI. Trata-se da Tabela de Incidência do Imposto sobre Produtos Industrializados – Tabela Tipi. A variação das alíquotas, à luz do princípio da seletividade, decorre do juízo de essencialidade que se faça em relação aos produtos tributáveis. As linhas gerais do IPI estão na Lei nº 4.502/1964. O IPI é lançado por homologação. Outra peculiaridade desse importante imposto é o período de apuração, que é mensal.

Há vários casos de imunidade no campo de incidência do IPI, a exemplo dos livros, jornais, periódicos e papéis destinados à sua impressão, dos produtos industrializados destinados ao exterior, do ouro (quando ativo financeiro), bem como da energia elétrica, dos derivados de petróleo, combustíveis e minerais.

O STF decidiu que há incidência do IPI nos bens de procedência estrangeira, a exemplo de importação de automóveis por pessoa física, para uso próprio, e que não desempenhe atividade empresarial.[3] Nos termos da decisão do STF, incide, na importação de bens para uso próprio, o Imposto sobre Produtos Industrializados, sendo neutro o fato de se tratar de consumidor final. A questão foi julgada em repercussão geral.

Um dos temas mais recorrentes em âmbito de IPI é o tema do crédito-prêmio. Criado em 1969, era um incentivo fiscal à exportação de produtos industrializados, que consistia no ressarcimento de tributos anteriormente recolhidos nas operações internas. Originalmente, o exportador era titular de um crédito calculado em 15% do valor da mercadoria exportada. Podia abatê-lo com o IPI que era internamente recolhido.

O STF entendeu que o crédito prêmio do IPI não foi extinto por norma infraconstitucional.[4] O incentivo deixou de existir por força do disposto no § 1º do art. 41 do ADCT, que dispõe que estariam revogados, após dois anos da promulgação da Constituição, os incentivos que não fossem confirmados por lei.

O tema do crédito presumido do IPI é também de recorrente judicialização. No contexto da Súmula Vinculante nº 58,

---

[3.] STJ, REsp 723.651/PR, Rel. Min. Marco Aurélio, julgado em 4.2.2016.
[4.] STF, RE 561.485/RS ED, Rel. Min. Ricardo Lewandowski, julgado em 12.6.2013.

o STF fixou que "inexiste direito a crédito presumido de IPI relativamente à entrada de insumos isentos, sujeitos à alíquota zero ou não tributáveis, o que não contraria o princípio da não cumulatividade". O problema conceitual dessa discussão encontrava-se no princípio da não cumulatividade, cuja pureza tradicionalmente expurgava da composição do valor as operações antecedentes. O STF contornou a questão enfatizando que os insumos de que tratava já eram beneficiados pela isenção.

6.2.6 Imposto sobre Operações de Crédito, Câmbio e Seguro, e sobre Operações Relativas a Títulos e Valores Mobiliários (IOF)

Incide sobre operações de crédito, câmbio e seguro, e sobre operações relativas a títulos e valores mobiliários. O Poder Executivo pode, nas condições e nos limites estabelecidos em lei, alterar as alíquotas ou as bases de cálculo do imposto, a fim de ajustá-lo aos objetivos da política monetária, fazendo-o por meio de decreto presidencial. O IOF abrange quatro bases econômicas distintas. O STJ sumulou que nos depósitos judiciais não há incidência de IOF (Súmula nº 185).

O núcleo normativo do IOF é objeto do Decreto nº 6.306/2007. O que se tem, na realidade, são vários impostos sobre bases econômicas distintas. Deve-se lembrar que o ouro é tributo pelo IOF apenas quando comercializado como ativo financeiro. Nesse caso, o fato gerador é a aquisição das cartelas, o contribuinte é a instituição autorizada pelo Banco Central.

Rigorosamente, a incidência se dá no contexto de quatro operações distintas, já referidas no *nomen iuris* do imposto: crédito, câmbio, seguro e títulos mobiliários. Consequentemente, as bases de cálculo variam de acordo com a origem e com a natureza da imposição.

Nas operações de crédito, leva-se em conta o valor que exprima a obrigação assumida. Nas operações de seguro, o valor do prêmio, contratado e pago. Nas operações de câmbio, a quantidade de moeda nacional, correspondente ao valor, em moeda estrangeira. No caso dos valores mobiliários, o valor da aquisição, ou o valor de resgate de quotas de fundos de investimento; no caso do ouro, como ativo financeiro, o valor da aquisição.

Há incidência sobre as operações de *factoring*, que decorrem de negócios com direitos creditórios que decorrem de vendas a prazo. O comerciante vende antecipadamente o crédito a receber, remunerando a instituição responsável pelo adiantamento. Originalmente, essas operações ocorriam com a troca de cheques antedatados, que o comerciante entregava à empresa de *factoring*, que por sua vez cobrava pelo adiantamento de valores.

6.3 Impostos estaduais

Aos Estados e ao Distrito Federal competem instituir impostos sobre transmissão *causa mortis* e doação; sobre operações relativas à circulação de mercadorias e sobre prestações de serviços de transporte interestadual e intermunicipal e de comunicação, ainda que as operações e as prestações se iniciem no exterior; e sobre a propriedade de veículos automotores.

Os impostos de competência estadual realizam, no plano fiscal, a estrutura federativa do Estado brasileiro. Nesse sentido, um desenho original de competências tributárias afetas aos Estados-membros se deu com a Constituição de 1891 (art. 9º), que dispunha que era competência exclusiva dos Estados decretar impostos sobre a exportação de mercadorias de sua própria produção; sobre imóveis rurais e urbanos; sobre transmissão de propriedade; bem como sobre indústrias e profissões.

Aos Estados também competia com exclusividade decretar taxas de selos quanto aos atos emanados de seus respectivos governos e negócios de sua economia. Também cobrava pelo uso dos correios e dos telégrafos. Dispunha-se também que os Estados poderiam tributar a importação de mercadorias estrangeiras, quando destinadas ao consumo no seu território, revertendo, porém, o produto do imposto para o Tesouro federal.

Como se percebe, o imposto de exportação, hoje federal, era de competência estadual. Os municípios não detinham competência tributária. O imposto de transmissão de propriedade era único, e de competência estadual. Hoje é fracionado. A transmissão de propriedade *inter vivos* é de competência municipal. A transmissão de propriedade por sucessão é de competência estadual. Os Estados detinham também competência para tributar a propriedade imóvel, rural e urbana. Presentemente, a propriedade de imóveis rurais é tributada pela União e a propriedade de imóveis urbano é tributada pelos Municípios.

6.3.1 Imposto sobre Transmissão *Causa Mortis* e Doação (ITCMD)

Quanto a bens imóveis e respectivos direitos, compete ao Estado da situação do bem, ou ao Distrito Federal; quanto a bens móveis, títulos e créditos, compete ao Estado onde se processar o inventário ou arrolamento, ou tiver domicílio o doador, ou ao Distrito Federal.

De acordo com a Constituição, suas alíquotas máximas são fixadas pelo Senado Federal. O CTN não trata do ITCMD, justamente porque não se cogitava de tal imposto à época da promulgação do CTN.

A sucessão por morte pode ser legítima ou testamentária. O conceito de doação chama a definição do Código Civil, que dispõe no art. 538 que se considera doação o contrato em que uma pessoa, por liberalidade, transfere do seu patrimônio bens ou vantagens para o de outra.

A não onerosidade na transmissão é característica do ITCMD, em oposição às transmissões onerosas, que são atributos do ITBI. Quanto à sujeição passiva, nas cessões, o contribuinte é o cedente. Na transmissão por morte, o herdeiro ou o legatário. No caso da incidência na doação, o contribuinte é o donatário, seja dos bens, dos direitos ou dos créditos.

Discutiu-se qual seria a alíquota aplicável. Isto é, se a alíquota vigente ao tempo da abertura da sucessão ou se a alíquota vigente na liquidação do processo sucessório. O STF definiu que a alíquota aplicada a esse imposto é a vigente à época da abertura da sucessão (Súmula nº 112). Definiu também que o imposto de transmissão *causa mortis* não é exigível antes da homologação do cálculo (Súmula nº 114).

6.3.2 Imposto sobre Circulação de Mercadorias e Serviços (ICMS)

O ICMS está no centro da guerra fiscal, que opõe as várias unidades federadas e que deriva de concessões unilaterais de incentivos diversificados, que ocorrem tanto no campo da fiscalidade como no estímulo à infraestrutura.

As origens desse imposto remontam ao Imposto sobre Circulação de Mercadorias (ICM), que substituiu o Imposto de Vendas e Consignações (IVC), no contexto da Emenda

Constitucional nº 18/1965, cobrado a partir de 1º de janeiro de 1967.

Presentemente, radica no art. 155, II, da Constituição. É regulamentado em suas linhas gerais pela Lei Complementar nº 87, de 13 de setembro de 1996, denominada de Lei Kandir. A complexidade é uma das características mais concretas do ICMS. Por exemplo, no contexto dessa complexidade, o STF baixou Súmula (nº 662) fixando que é legítima a incidência de ICMS na comercialização de exemplares de obras cinematográficas, gravadas em fitas de videocassete. O exemplo comprova a volatilidade das soluções. O videocassete, hoje, é peça de museu.

Trata-se de imposto não cumulativo, compensando-se o que for devido em cada operação relativa à circulação de mercadorias ou prestação de serviços com o montante cobrado nas anteriores pelo mesmo ou outro Estado ou pelo Distrito Federal. Essa não cumulatividade é obrigatória.

Deve-se tomar cuidado com as hipóteses de isenção ou de não incidência. Nesses casos, não há crédito a apurar em relação a operações posteriores. Da mesma forma, são anulados os créditos porventura acumulado ao longo das operações anteriores.

É um imposto seletivo, em função da essencialidade das mercadorias e dos serviços. A seletividade, por sua vez, é facultativa. Não há rigor em relação à essencialidade das mercadorias, o que ocorre, efetivamente, com o IPI.

As alíquotas aplicáveis às operações e prestações, interestaduais e de exportação são fixadas por resolução do Senado Federal, de iniciativa do Presidente da República ou de um terço dos Senadores, aprovada pela maioria absoluta de seus membros.

O Senado estabelece alíquotas mínimas nas operações internas, mediante resolução de iniciativa de um terço e aprovada pela maioria absoluta de seus membros. O Senado também tem competência para fixar alíquotas máximas nessas operações para resolver conflito específico que envolva interesse de Estados, mediante resolução de iniciativa da maioria absoluta e aprovada por dois terços de seus membros.

O ICMS também incide sobre a entrada de bem ou mercadoria importados do exterior por pessoa física ou jurídica, ainda que não seja contribuinte habitual do imposto, qualquer que seja a sua finalidade, assim como sobre o serviço prestado no exterior, cabendo o imposto ao Estado onde estiver situado o domicílio ou o estabelecimento do destinatário da mercadoria, bem ou serviço.

Por outro lado, o ICMS não incide sobre operações que destinem mercadorias para o exterior, nem sobre serviços prestados a destinatários no exterior, assegurada a manutenção e o aproveitamento do montante do imposto cobrado nas operações e prestações anteriores.

O modelo do ICMS é regulado por lei complementar, à qual cabe, entre outros, definir contribuintes; dispor sobre substituição tributária; disciplinar o regime de compensação do imposto; prever casos de manutenção de crédito, relativamente à remessa para outro Estado e exportação para o exterior, de serviços e de mercadorias; regular a forma como, mediante deliberação dos Estados e do Distrito Federal, isenções, incentivos e benefícios fiscais serão concedidos e revogados.

Neste último caso, trata-se do Conselho Nacional de Política Fazendária (Confaz). Trata-se de um colegiado formado pelos Secretários de Fazenda, Finanças ou Tributação dos Estados e do Distrito Federal. As reuniões são presididas pelo

Ministro da Economia. Ao Confaz compete, entre outros, celebrar convênios para efeito de concessão ou revogação de isenções, incentivos e benefícios fiscais relativos ao ICMS.

De acordo com informações veiculadas pelo próprio órgão, ao Confaz compete sugerir medidas com vistas a simplificar e harmonizar exigências legais, promover estudos objetivando ao aperfeiçoamento da administração tributária, além de colaborar com o Conselho Monetário Nacional na fixação da Política de Dívida Pública Interna e Externa dos Estados e Distrito Federal, para cumprimento da legislação, a par de orientar as instituições financeiras públicas estaduais, para uma maior eficiência no suporte dos governos das unidades federadas.

Vários problemas relacionados com o ICMS foram pacificados judicialmente. As questões se centrais se desdobram da indicação precisa do momento no qual ocorreria o fato gerador desse imposto.

Talvez deveríamos denominá-lo ICM2S, justamente porque alcança apenas dois serviços: os serviços de transporte interestadual e intermunicipal, bem como o serviço de telecomunicações. Os demais serviços são tributados pelo ISS, o que não exclui facilmente a multiplicação de situações nas quais se evidencia conflitos de competência, indicativos de bitributação.

O STJ definiu, por exemplo, que "não incide ICMS sobre o serviço de transporte interestadual de mercadorias destinadas ao exterior" (Súmula nº 649).

Tentou-se tributar o ICMS quando da transferência da mercadoria de um estabelecimento para outro, de propriedade de um mesmo contribuinte. O STJ barrou essa tentativa, baixando súmula em sentido contrário (Súmula nº 166 do STJ).

De igual modo, não há incidência na hipótese da transferência de mercadorias do estabelecimento matriz para as filiais. Uma mesma empresa também não deve recolher ICMS quando transfere bens de estabelecimento agrícola para estabelecimento industrial, quando titular das duas pessoas jurídicas.

Já se tentou, sem sucesso, tributar ICMS quando da transferência de bens em canteiros de obras, e de uma mesma empresa. A Súmula Vinculante nº 48, do STF, fixou que na entrada de mercadoria importada do exterior é legítima a cobrança de ICMS ao momento do desembaraço aduaneiro.

O STF definiu que "o ICMS não incide sobre alienação de salvados de sinistro pelas seguradoras" (Súmula Vinculante nº 32). Em âmbito de comércio internacional, quanto à incidência de ICMS, o STF fixou que "à mercadoria importada de país signatário do GATT, ou membro da ALALC, estende-se a isenção do imposto de circulação de mercadorias concedida a similar nacional" (Súmula nº 575).

O STF também sumulou que "não constitui fato gerador do imposto de circulação de mercadorias a saída física de máquinas, utensílios e implementos a título de comodato" (Súmula nº 573). E ainda, entendeu-se que "sem lei estadual que a estabeleça, é ilegítima a cobrança do imposto de circulação de mercadorias sobre o fornecimento de alimentação e bebidas em restaurante ou estabelecimento similar" (Súmula nº 574).

Na discussão da chamada "tese do século", RE 574.706, relatado pela Ministra Cármen Lúcia, decidiu-se que o ICMS não compõe a base de cálculo para a incidência do PIS e da COFINS.

Menciona-se também decisão do STF (RE 606.107-RS), relativa à revogação de benefício fiscal no contexto do ICMS, em face do princípio da anterioridade. O STF entendeu que identifica um aumento indireto do imposto uma norma que implique revogação de benefício fiscal anteriormente concedido. Nessa decisão, a norma revogadora teria seus efeitos submetidos ao princípio da anterioridade. A revogação implicaria em aumento do encargo fiscal, que é dependente do princípio da anterioridade.

Vários problemas relativos ao ICMS foram enfrentados pelo STJ. A Súmula n° 334 desse Tribunal fixou entendimento no sentido de que "o ICMS não incide no serviço dos provedores de acesso à Internet".

Em tema similar, a Súmula n° 350, que definiu que "o ICMS não incide sobre o serviço de habilitação de telefone celular". E ainda, a Súmula n° 432, onde se lê que "as empresas de construção civil não estão obrigadas a pagar ICMS sobre mercadorias adquiridas como insumos em operações interestaduais".

6.3.3 Imposto sobre Propriedade de Veículos Automotores (IPVA)

Incidente sobre veículos automotores, substitui a Taxa Rodoviária Única (TRU), que foi criada em 1969. Os Estados de São Paulo e do Rio de Janeiro foram pioneiros na criação desse imposto, em 1986. Por pouco tempo, o IPVA e a TRU foram cobrados simultaneamente. A Emenda Constitucional n° 27/1986, extinguiu a TRU.

O fato gerador do IPVA é a propriedade de veículos automotores, com exceção de aeronaves e de embarcações. O contribuinte é o proprietário do veículo. A base de cálculo consiste no valor venal do veículo. Ao IPVA se aplica o princípio da seletividade. A destinação e as características do veículo qualificam alíquotas distintas. Por exemplo, automóveis de passeio, mais luxuosos, recolhem alíquotas bem maiores que veículos mais simples, de menor potência. A regra atinge, especialmente, caminhões e utilitários.

Na medida em que se trata de um imposto de competência estadual (e do Distrito Federal também), as alíquotas não são idênticas em todo o território nacional. A Constituição Federal imputa ao Senado a fixação de alíquotas mínimas de IPVA.

A diversidade dos percentuais suscita uma guerra fiscal. Há Estados que oferecem alíquotas menores, especialmente com o objetivo de atrair empresas locadoras de veículos. O mesmo ocorre com transportadoras, cujos veículos transitam por todo o país.

A questão relativa ao vínculo do contribuinte do IPVA com a unidade federada onde é domiciliado foi pacificada pelo STF em repercussão geral. Trata-se do Tema n° 708, ocasião em que o SFT definiu pela impossibilidade de o contribuinte recolher IPVA em Estado diverso de onde mantenha sua sede ou domicílio tributário.

Uma empresa proprietária de veículos automotores invocou em juízo que não estava sujeita ao recolhimento do IPVA no Estado onde estava domiciliada, e sim no Estado no qual o veículo estava licenciado. Na tradição tributária brasileira, a unidade federada do registro do veículo é a detentora de competência para lançamento, fiscalização e cobrança do tributo. A empresa recolhia IPVA em Minas Gerais.

O STF lembrou que, embora o IPVA esteja previsto em nosso ordenamento jurídico desde a Emenda n° 27/1985 à Constituição de 1967, ainda não foi editada a lei complementar estabelecendo suas normas gerais, conforme determina o art. 146, III, da CF/1988. Por isso, os Estados editam normas de IPVA, seguindo o disposto no art. 24, § 3°, da Constituição, a par do art. 34, § 3°, do Ato das Disposições Constitucionais Transitórias.

O STF reconheceu que a discussão se processava em um contexto de guerra fiscal entre os entes da federação. De acordo com o julgado, as unidades federadas buscam receita ofertando vantagens econômicas para contribuintes domiciliados em outros estados.

No entender do STF, "a imposição do IPVA supõe que o veículo automotor circule no Estado em que licenciado". Por essa razão, segue o STF, "o inc. III do art. 158 da Constituição de 1988 atribui cinquenta por cento do produto da arrecadação do imposto do Estado sobre a propriedade de veículos automotores aos Municípios em que licenciados os automóveis".

Por fim, assentou-se como tese para fins de repercussão geral, como segue: "A Constituição autoriza a cobrança do Imposto sobre a Propriedade de Veículos Automotores (IPVA) somente pelo Estado em que o contribuinte mantém sua sede ou domicílio tributário". Com essa decisão, fixou-se um novo paradigma nos temas de IPVA.

O IPVA é imposto que suscita uma permanente guerra fiscal, opondo as várias unidades federadas. Nesse sentido, como mencionado, o STF, no RE 1.016.605, tende a fixar entendimento no sentido de que mencionado imposto deve ser recolhido no domicílio do veículo. A legislação determina que o veículo seja licenciado e registrado no domicílio do proprietário, o que atrairia a incidência para a unidade federada onde se encontra domiciliado o proprietário.

Há uma antiga discussão relativa à cobrança do IPVA de embarcações e aeronaves. A inexistência de lei complementar fixando as linhas gerais desse imposto suscitou várias discussões, pacificadas pela jurisprudência do STF. Refere-se, especialmente, ao decidido no RE 379.572-4, relatado pelo Ministro Gilmar Mendes. O STF decidiu que não incide o IPVA sobre embarcações. Nesse caso, mencionou-se um precedente, RE 134.509, relatado pelo Ministro Sepúlveda Pertence.

Mencionou-se também um voto do Ministro Marco Aurélio, que havia votado pela incidência do IPVA nesses casos. Esse voto foi construído em discussão relativa a interesse do Estado do Amazonas. O Ministro Francisco Rezek abriu divergência e criticou a compreensão do Ministro Marco Aurélio, que identificou como meramente semântica e etimológica.

Em discussão ocorrida no Plenário, o Ministro Sepúlveda Pertence lembrou que, quando fora Procurador-Geral da República, em 1986, arguiu a inconstitucionalidade de leis do Rio de Janeiro e do Espírito Santo, que sujeitavam embarcações e aeronaves ao IPVA.

6.4 Impostos municipais

No modelo constitucional brasileiro, o município não contava com competências próprias, tanto na Constituição de 1824 quanto na Constituição de 1991. Na Constituição de 1934 se dispõe sobre a organização e a autonomia dos municípios (art. 13), podendo decretar impostos e taxas, bem como aplicar suas rendas (art. 13, II).

Os municípios teriam direitos sobre o imposto de licenças, os impostos predial e territorial urbanos, o imposto sobre diversões públicas, o imposto sobre a venda de imóveis rurais, bem como taxas sobres serviços municipais (art. 13, § 2º). Esse modelo foi se alterando ao longo dos anos.

Presentemente, e nos termos da Constituição de 1988, aos Municípios compete instituir impostos sobre a propriedade predial e territorial urbana, sobre transmissão *inter vivos*, a qualquer título, por ato oneroso, de bens imóveis, por natureza ou acessão física, e de direitos reais sobre imóveis, exceto os de garantia, bem como cessão de direitos a sua aquisição e sobre serviços de qualquer natureza, não compreendidos os serviços abrangidos no ICMS (serviços de transporte interestadual e intermunicipal e comunicação).

6.4.1 Imposto Predial e Territorial Urbano (IPTU)

Há indícios de um tributo que lembra o IPTU por ocasião de um alvará baixado por D. João, em 27 de junho de 1808. Tratava-se de um imposto denominado de décima dos prédios urbanos, exação que incidia sobre os rendimentos líquidos dos proprietários dos imóveis. A imposição fora criada em meio à grande crise habitacional, dado que a vinda da corte portuguesa para o Rio de Janeiro provavelmente dobrou a população da cidade. O imposto já era lançado e cobrado em Portugal.

D. João invocava que o imposto tinha inúmeras vantagens. Afirmava que podia ser repartido com igualdade. Reconhecia-se que os locatários suportariam a imposição, que seria repassada aos aluguéis, por parte dos proprietários. Fixava-se relação tributária muito parecida àquela que se dá em âmbito de imposto predial e territorial urbano. Isto é, a responsabilidade é do proprietário, que pelo não recolhimento responde junto ao fisco, mas que estipula em contrato particular a responsabilidade fiscal do locatário, não podendo, no entanto, invocar a cláusula em face do fisco.

O IPTU tem seus contornos centrais definidos no art. 32 do CTN. Ao IPTU se aplicam os princípios constitucionais da noventena e, evidentemente, da anterioridade. De acordo com o CTN, o fato gerador do IPTU é a propriedade, o domínio útil ou a posse de bem imóvel por natureza ou por acessão física, como definido em lei (o CTN menciona lei civil) e localizado na zona urbana do município tributante.

O CTN remete o entendimento de zona urbana à definição de lei municipal. Fixa, no entanto, requisitos mínimos de existência de melhoramentos, dentre os quais pelo menos dois entre os seguintes: meio-fio ou calçamento, com canalização de águas pluviais; abastecimento de água; sistema de esgotos sanitários; rede de iluminação pública, com ou sem posteamento para distribuição domiciliar; escola primária ou posto de saúde a uma distância máxima de três quilômetros do imóvel considerado.

A base do cálculo do imposto é o valor venal do imóvel. O valor venal é o valor de venda, exatamente como consignado nos registros da Prefeitura. O contribuinte do imposto é o proprietário do imóvel, o titular do seu domínio útil, ou o seu possuidor a qualquer título.

É comum que contratos de locação fixem a responsabilidade pelo recolhimento do tributo aos locatários. No entanto, porque as convenções particulares, salvo disposição em contrário, não podem ser opostas ao Fisco (art. 123 do CTN), a Fazenda Pública cobra e executa o proprietário. Este poderá executar o contrato, na expectativa de valores que recolheu.

O IPTU conheceu uma inovação em 2000, por conta da Emenda Constitucional nº 29, que estabeleceu a progressividade de suas alíquotas.

6.4.2 Impostos Sobre Serviços de Qualquer Natureza (ISS)

No contexto do sistema tributário brasileiro contemporâneo, a incidência sobre os serviços se dá no ICMS e no ISS.

No caso do ICMS, a incidência sobre serviços de transporte interestadual e intermunicipal e de comunicação.

Os demais são atraídos pela incidência do ISS. Os serviços são identificados em tabelas, e envolvem miríade de atividades, a exemplo de serviços de informática e congêneres, medicina, enfermagem, terapia, nutrição, odontologia, psicologia, entre tantos outros.

O ISS está explicitado na Lei Complementar n° 116/2003. Também incide sobre o serviço proveniente do exterior do país ou cuja prestação se tenha iniciado no exterior. Como regra geral, o serviço se considera prestado, e o imposto então devido, no local do estabelecimento do prestador. Na falta desse, o imposto é devido no local do domicílio do prestador.

Na linguagem da Lei Complementar n° 116/2003, o contribuinte do ISS é o prestador do serviço. Pode o ente tributante, mediante lei, atribuir de modo expresso a responsabilidade pelo crédito tributário a terceira pessoa, desde que vinculada ao fato gerador da respectiva obrigação. Nesse caso, exclui-se a responsabilidade do prestador de serviço pelo recolhimento do imposto. A lei dispõe então que um terceiro será supletivamente responsável pelo recolhimento.

A base de cálculo do ISS é o preço do serviço. Sua alíquota mínima, de acordo com a Lei Complementar n° 116/2003, é de 2% (dois por cento).

6.4.3 Imposto sobre Transmissão de Bens *Inter Vivos* (ITBI)

Ocorre na transmissão *inter vivos*, a qualquer título, por ato oneroso, de bens imóveis, por natureza ou acessão física, e de direitos reais sobre imóveis, exceto os de garantia, bem como a cessão de direitos.

Também por força de disposição constitucional, o ITBI não incide sobre a transmissão de bens ou direito incorporados ao patrimônio de pessoa jurídica em realização de capital.

De igual modo, não incide sobre a transmissão de bens ou direitos decorrentes da fusão, incorporação, cisão ou extinção de pessoal jurídica, salvo se, nesses casos, a atividade preponderante do adquirente for a compra e venda desses bens ou direitos, locação de bens imóveis ou arrendamento mercantil.

A fixação da competência é simples: é do Município da situação do bem. Não há uma exata relação entre a base de cálculo do IPTU e a base de cálculo do ITBI. O STF já sumulou a matéria, fixando entendimento na Súmula n° 656, que dispõe que "é inconstitucional a lei que estabelece alíquotas progressivas para o imposto de transmissão *inter vivos* de bens imóveis – ITBI com base de valor venal do imóvel".

6.5 Taxas

Taxas são tributos vinculados que têm como fato gerador o exercício regular do poder de polícia, ou a utilização, efetiva ou potencial, de serviço público específico e divisível, prestado ao contribuinte ou posto à sua disposição.

Na Constituição e também no CTN, vedam-se o lançamento e a cobrança de taxas que tenham base de cálculo e fatos geradores próprios de impostos. Taxas são cobradas em contrapartida ao poder de polícia ou a serviço público disponibilizado ao contribuinte, mesmo que não seja utilizado.

O conceito de poder de polícia, de ampla utilização no Direito Administrativo, é fixado no CTN. Nesse sentido, considera-se poder de polícia atividade da administração pública que, limitando ou disciplinando direito, interesse ou liberdade, regula a prática de ato ou abstenção de fato, em razão de interesse público concernente à segurança, à higiene, à ordem, aos costumes, à disciplina da produção e do mercado, ao exercício de atividades econômicas dependentes de concessão ou autorização do Poder Público, à tranquilidade pública ou ao respeito à propriedade e aos direitos individuais ou coletivos.

E, ainda, considera-se regular o exercício do poder de polícia quando desempenhado pelo órgão competente nos limites da lei aplicável, com observância do processo legal e, tratando-se de atividade que a lei tenha como discricionária, sem abuso ou desvio de poder.

Os serviços públicos se consideram utilizados pelo contribuinte quando efetivamente utilizados, quando por ele usufruídos a qualquer título; ou, potencialmente, quando, sendo de utilização compulsória, sejam postos à sua disposição mediante atividade administrativa em efetivo funcionamento.

Os serviços são específicos, quando possam ser destacados em unidades autônomas de intervenção, de utilidade, ou de necessidades públicas. Os serviços são divisíveis, quando suscetíveis de utilização, separadamente, por parte de cada um dos seus usuários.

Há muitos exemplos das chamadas taxas de fiscalização. Ilustra-se com as taxas de vigilância sanitária, de fiscalização de produtos químicos, de fiscalização ambiental, de produtos controlados pelo exército brasileiro, entre outras.

Entre as taxas de serviço, têm-se taxas de emissão de documentos, de coleta de lixo, de avaliação de instituições de educação e cursos de graduação, de serviços metrológicos, de emissão de passaportes, de carteiras de motorista e de identidade.

6.6 Contribuições de melhoria

A contribuição de melhoria surgiu na Constituição de 1934, que dispunha que "provada a valorização do imóvel por motivo de obras públicas, a administração, que as tiver efetuado, poderá cobrar dos beneficiados contribuição de melhoria".

Dois motivos centrais justificavam a adoção desse tributo entre nós. O Estado ampliava seu campo de ação, o que refletia, entre outros, o programa governamental de Vargas. A criação dos Ministérios da Educação (atribuído a Francisco Campos) e do Trabalho (que seria conduzido por Lindolfo Collor) ilustra esse acrescentamento da atuação estatal.

A contribuição de melhoria, no entender de Bilac Pinto (2009), um de seus idealizadores, realizava justiça fiscal, corrigindo situações de iniquidade em relação ao uso do dinheiro público. Obras públicas eram realizadas com o concurso e contribuição de todos os contribuintes.

No entanto, beneficiavam apenas, e quase sempre, uma pequena parcela de contribuintes. Nesse sentido, argumentava Bilac, verificava-se um enriquecimento injusto em detrimento da coletividade. Havia necessidade de um mecanismo de correção e de justiça fiscal, que Bilac vislumbrou nas contribuições de melhoria.

Bilac argumentava que os norte-americanos haviam sentido o problema, e que enfrentaram com solução adequada, lançando e cobrando essa contribuição. Ainda que não se tenha menção expressa ao que os Estados Unidos viviam no momento, certamente não escapava a Bilac os fatos que marcavam o *New Deal* e a administração de Franklyn Delano Roosevelt. Os Estados Unidos ainda lutavam contra a Crise de 1929 e seus efeitos. O desemprego era o resultado mais problemático dessa fase da história norte-americana.

A contribuição de melhoria, para Bilac Pinto, mostrava-se como uma espécie particular e inconfundível de tributo. A contribuição de melhoria possibilitava que o Estado fosse de algum modo indenizado pelo gasto com obra pública que favoreceu a terceiros. Não se permitia, assim, enriquecimento sem causa, por parte do particular, com base em investimento público.

De acordo com o CTN, a contribuição de melhoria cobrada pela União, pelos Estados, pelo Distrito Federal ou pelos Municípios, no âmbito de suas respectivas atribuições, é instituída para fazer face ao custo de obras públicas de que decorra valorização imobiliária, tendo como limite total a despesa realizada e como limite individual o acréscimo de valor que da obra resultar para cada imóvel beneficiado.

Há requisitos mínimos para instituição de contribuições de melhoria, nomeadamente, entre outros, a publicação prévia do memorial descritivo do projeto, do orçamento do custo da obra, da determinação da parcela do custo da obra a ser financiada pela contribuição, da delimitação da zona.

O que justifica o lançamento da contribuição de melhoria é o custo da obra pública, sem o que não se pode cogitar desse tributo. Devem-se observar também os dois limites, isto é, o limite total da despesa e o limite individual decorrente do acréscimo do valor decorrente da obra.

Percebe-se que a contribuição de melhoria não é muito utilizada, em virtude do fato de que no mais das vezes a valorização do imóvel reflete na composição da base de cálculo do IPTU. O agente político cobra, de outra maneira, sem enfrentar o desgaste político decorrente do lançamento de uma nova exação.

6.7 Contribuições sociais

As **contribuições sociais** se dividem em **Contribuições para a Seguridade Social**, pagas pelo empregador (folha de salários-patronal, receita-faturamento – COFINS, lucro – CSLL), pelo empregado (trabalhador – INSS), bem como nas receitas decorrentes do concurso de prognósticos-loterias, a par das incidentes sobre a importação; **Contribuições para o Seguro-Desemprego e Abono Salarial**, que radicam no sistema PIS-PASEP; **Contribuições de Intervenção no Domínio Econômico**, a exemplo da CIDE-Combustíveis, do Adicional de Frete à Marinha Mercante (AFRMN), da contribuição do Instituto do Açúcar e do Álcool (IAA), da quota de Contribuição ao Instituto Brasileiro do Café (IBC), do Fundo de Universalização dos Serviços de Telecomunicações (FUST), do Fundo para o Desenvolvimento das Telecomunicações (FUNTEL), do Contribuição para o Desenvolvimento da Indústria Cinematográfica (CONDECINE), do Serviço de Apoio às Micro e Pequenas Empresas (SEBRAE) (adicionais ao sistema S); **Contribuições de Interesse de Categorias Profissionais**, a exemplo da OAB, CRM, CRC, CREA, COREN; **Contribuição para Custeio do Serviço de Iluminação Pública (COSIP)**, além de **Contribuições Sociais Genéricas,** como o Salário-Educação, o FUNRURAL, algumas contribuições destinadas a entidades privadas, a propósito do Sistema S: SENAI, SESI, SESC e SENAC.

A regra geral das contribuições sociais se encontra no art. 149 da Constituição, que dispõe que compete exclusivamente à União instituir contribuições sociais, de intervenção no domínio econômico e de interesse das categorias profissionais ou econômicas, como instrumento de sua atuação nas respectivas áreas. Essas contribuições não podem incidir sobre as receitas decorrentes de exportação. Incidem, no entanto, sobre a importação de produtos estrangeiros ou serviços.

A matéria também é tratada no art. 195 da Constituição, que dispõe que a seguridade social será financiada por toda a sociedade, de forma direta e indireta, nos termos da lei, mediante recursos provenientes dos orçamentos da União, dos Estados, do Distrito Federal e dos Municípios. Em seguida, a Constituição fixa a origem desses recursos.

O empregador recolhe contribuições ao Programa de Integração Social (PIS), nos termos do art. 239 da Constituição. O PIS tem como objetivo financiar o pagamento do seguro-desemprego, abono e participação nos lucros. O PIS é administrado pelo Ministério da Economia e pago pela Caixa Econômica Federal.

Tem-se o PIS cumulativo e o PIS não cumulativo. No primeiro caso, calcula-se 0,65% da receita operacional bruta, sem deduções de custos, despesas e encargos. Trata-se de opção das empresas que aderiram ao imposto de renda pelo lucro presumido. Na opção pelo PIS não cumulativo, calcula-se 1,65% da receita operacional bruta, com deduções de custos, despesas e encargos. Esse modelo não pode ser utilizado por instituições financeiras, cooperativas de crédito, empresas de serviços de vigilância e transporte.

O empregador também recolhe a Contribuição para o Financiamento da Seguridade Social (COFINS), nos termos do art. 195, I, *b*, CF. A incidência se dá sobre o faturamento mensal, nos termos da Lei Complementar nº 70/1991, e da Lei nº 9.718/1998, com as alterações subsequentes.

São contribuintes da COFINS as pessoas jurídicas de direito privado em geral, inclusive as pessoas a elas equiparadas pela legislação do Imposto de Renda, exceto as microempresas e as empresas de pequeno porte optantes pelo Simples Nacional.

A base de cálculo da contribuição é a totalidade das receitas auferidas pela pessoa jurídica, sendo irrelevante o tipo de atividade por ela exercida e a classificação contábil adotada para as receitas. A alíquota geral é de 3% (a partir de 1°.2.2001) ou 7,6% (a partir de 1°.2.2004) na modalidade não cumulativa.

Ao empregador também compete recolher a Contribuição Social sobre o Lucro Líquido (CSLL), nos termos do art. 195, I, c, CF, combinado com a Lei n° 7.789/1988. Além do IRPJ, a pessoa jurídica optante pelo Lucro Real, Presumido ou Arbitrado deverá recolher a Contribuição Social sobre o Lucro (CSLL), também pela forma escolhida. Não é possível, por exemplo, a empresa optar por recolher o IRPJ pelo Lucro Real e a CSLL pelo Lucro Presumido.

O empregador deve recolher também Contribuição sobre a Folha de Salários, nos moldes do art. 195, I, a, da Constituição Federal. A Lei n° 12.546/2011, instituiu a Desoneração da Folha de Pagamento, que substitui parte das contribuições previdenciárias da folha de salários pela receita bruta ajustada. A partir de 1°.12.2015, por força da Lei n° 13.161/2015, a aplicação da desoneração é facultativa.

A CIDE-combustíveis, Lei n° 10.336/2001, incide sobre a importação e a comercialização de gasolina e suas correntes, *diesel* e suas correntes, querosene de aviação e outros querosenes, óleos combustíveis, gás liquefeito de petróleo (GLP), inclusive o derivado de gás natural e de nafta, e álcool etílico combustível.

A CIDE-Combustíveis tem como fatos geradores as seguintes operações, realizadas com os combustíveis: a) a comercialização no mercado interno; e b) a importação.

São contribuintes da CIDE-Combustíveis o produtor, o formulador e o importador (pessoa física ou jurídica). Nas operações relativas à comercialização no mercado interno, assim como nas operações de importação, a base de cálculo é a "unidade de medida" adotada na Lei nº 10.336/2001, para cada um dos produtos sobre os quais incide a contribuição. Corresponde, assim, à quantidade comercializada do produto.

A Contribuição para o Custeio do Serviço (COSIP) é cobrada pelos Municípios e pelo Distrito Federal, na forma das respectivas leis, para o custeio do serviço de iluminação pública. Ela deverá ser instituída por lei municipal. A norma deverá conter: fato gerador, contribuinte, base de cálculo e alíquota. Também é possível que o legislador opte por um valor fixo, estabelecendo o seu montante. A Constituição dispõe também que é facultada a cobrança da COSIP na fatura de consumo de energia elétrica.

7

Direito Processual Tributário

O Direito Processual Tributário é dividido em processo administrativo tributário e em processo judicial tributário. No primeiro caso, estuda-se o desdobramento das discussões administrativas, da impugnação ao lançamento ao conhecimento e julgamento por parte do Conselho Administrativo de Recursos Fiscais. A matéria está basicamente contida no Decreto nº 70.235, de 6 de março de 1972.

Em matéria tributária, o Direito Processual se ocupa, principalmente, de ações anulatórias, de ações de consignação em pagamento, de ações de repetição de indébito, de mandados de segurança, de exceções de preexecutividade, dos embargos à execução fiscal, a par, naturalmente, de todos os incidentes e recursos, a exemplo do agravo, do recurso ordinário constitucional, do recurso especial e do recurso extraordinário. A execução fiscal é de iniciativa do Fisco, as demais ações são de iniciativa do contribuinte.

7.1 O processo administrativo fiscal

O processo administrativo fiscal (PAF) radica em disposição constitucional que assegura aos litigantes, em processo judicial ou administrativo, e aos acusados em geral, o contraditório e a ampla defesa, com os meios e recursos inerentes (art. 5°, LV).

A vantagem da litigância processual é que a exigibilidade do crédito fica suspensa, por força do disposto no art. 151, III, do CTN. O contribuinte, nesse caso, enquanto discute judicialmente o lançamento, é titular de certidão positiva com efeitos de negativa. Isto é, em princípio o crédito existe, porém, não pode ser cobrado, judicial ou administrativamente.

A decisão no processo administrativo faz coisa julgada, se em favor do contribuinte. A Administração não teria por que recorrer da própria decisão. No entanto, quando contrária ao contribuinte, este pode discutir a mesma matéria no Judiciário, o que frequentemente ocorre, como resultado de disposição constitucional relativa ao livre acesso (art. 5°, XXXV). O contribuinte que opta pela via judicial, ao longo de discussão administrativa, renuncia a esta última.

A instalação do PAF se dá no momento em que o contribuinte impugna o lançamento (art. 14 do Decreto n° 70.235/1972). Aplica-se subsidiariamente ao processo administrativo fiscal a Lei n° 9.784, de 29 de janeiro de 1999, especialmente quanto ao sistema de princípios.

Nesse caso, devem-se observar os princípios da legalidade, da finalidade, da motivação, da razoabilidade, da proporcionalidade, da moralidade, da ampla defesa, do contraditório, da segurança jurídica, do interesse público e da eficiência (art. 2°, *caput*, da Lei n° 9.784/1999).

O PAF se desdobra em quatro fases bem nítidas. Inicia-se com uma fase postulatória (arts. 14 e ss. do decreto). Nessa fase, tem-se a impugnação. Esta, nos exatos termos do decreto (art. 16), deve indicar a autoridade julgadora a quem é dirigida;

a qualificação do impugnante; os motivos de fato e de direito em que se fundamenta, os pontos de discordância e as razões e provas que possuir; as diligências, ou perícias que o impugnante pretenda sejam efetuadas, expostos os motivos que as justifiquem, com a formulação dos quesitos referentes aos exames desejados, assim como, no caso de perícia, o nome, o endereço e a qualificação profissional do seu perito.

Deve-se enfatizar que será considerada não impugnada a matéria que não tenha sido expressamente contestada pelo impugnante (art. 17). No âmbito da Secretaria da Receita Federal, a designação de servidor para proceder aos exames relativos a diligências ou perícias recairá sobre Auditor-Fiscal do Tesouro Nacional (art. 20).

Tem-se uma segunda fase, instrutória, no contexto da qual as provas são produzidas. Segue a fase decisória, ainda em primeira instância. Há prioridade para o julgamento de processos nos quais se verifiquem presentes circunstâncias de crimes contra a ordem tributária, ou de elevado valor, neste último caso, como definido em ato do Ministro da Economia (art. 27).

Por fim, uma fase recursal (art. 33 e ss. do decreto). A matéria chega ao CARF. O CARF, antigamente denominado Conselho de Contribuintes do Ministério da Fazenda, é órgão colegiado, paritário, integrante da estrutura do Ministério da Economia, que tem por finalidade, nos termos de regulamento, julgar recursos de ofício e voluntários de primeira instância, que versem sobre a aplicação da legislação referente a tributos administrados pela Secretaria da Receita Federal do Brasil.

O fato de ser paritário, nuclear em sua construção conceitual, não significaria, necessariamente, que representantes da Fazenda sempre votariam com o Fisco e que representantes dos contribuintes ininterruptamente votariam contra o

Fisco. Deve-se esclarecer que no CARF os presidentes de seção não desempenham função judicante.

Discutiu-se o tema do "voto de qualidade". O "voto de qualidade" é um voto de desempate, recorrentemente empregado pelo Direito Administrativo brasileiro, a exemplo das fórmulas utilizadas pelo Conselho Administrativo de Defesa Econômica (CADE), pelo Conselho de Recursos da Previdência Social (CRPS), pelo Tribunal Marítimo, pelo Tribunal de Contas da União (TCU), pela Agência Nacional de Vigilância Sanitária (ANVISA), pela Agência Nacional de Aviação Civil (ANAC) pela Agência Nacional de Águas (ANA), pela Agência Nacional do Cinema (ANCINE), pela Agência Nacional de Transportes Aquaviários (ANTAQ), bem como pela Agência Nacional de Transportes Terrestres (ANTT), entre outros. O Tribunal de Contas da União (TCU) e o Tribunal de Impostos e Taxas do Estado de São Paulo também utilizam o modelo.

A Lei nº 13.988, de 14 de abril de 2020, dispôs que, em caso de empate no julgamento do processo administrativo de determinação e exigência do crédito tributário, não se aplicaria o voto de qualidade nos julgamentos do CARF, resolvendo-se favoravelmente ao contribuinte.

Trata-se de excerto da chamada "Lei do Contribuinte Legal". Há discussão no STF em torno da constitucionalidade dessa norma. No entanto, não mais vige o "voto de qualidade", de modo que presentemente, em caso de empate, decide-se em favor do contribuinte.

Discussões que se desdobram no CARF não restringem ou limitam o acesso ao Judiciário. No limite, decisão do CARF contrária ao Fisco faz coisa julgada administrativa, premissa que não é válida para decisões do CARF favoráveis ao Fisco.

Esse modelo é substancialmente importante para o estudo do sistema recursal administrativo. O contribuinte derrotado no CARF pode provocar o Judiciário, a qualquer momento.

Um dos pontos centrais do PAF consiste na identificação de nulidades. O PAF de alguma forma se dirige à correção dos próprios atos, por parte da Administração. À Administração compete o controle dos próprios atos, devendo anulá-los quando constate que há vícios que os tornam ilegais. Segue-se orientação do STF, no sentido de que não se predicam direitos de atos ilegais.

Em âmbito de Direito Tributário prevalece o princípio da legalidade, o que justifica que se verifiquem nulidades, e que também rejeita revogação, por razão de conveniência e oportunidade. Por exemplo, o próprio CARF já reconheceu que:

> É nula, por força do disposto no inciso I do art. 59 do Decreto nº 70.235/1972, a decisão proferida por Delegado da Receita Federal de Julgamento que agrava o crédito tributário, por faltar-lhe competência para lançar imposto ou contribuições, atribuição da esfera das Delegacias e Inspetorias da Receita Federal.[1]

São nulos os atos e termos lavrados por pessoa incompetente. A determinação para indicação de nome, cargo e matrícula de responsável tem como fundamento a identificação autoridade fiscal, de modo a fixar liame funcional que possibilite que o contribuinte possa ter conhecimento relativo à competência do agente da administração.

Trata-se de elemento indispensável para que o contribuinte possa exercer o direito constitucional do contraditório

---

[1] CARF, 1ª CC, 7ª C, Ac. 107-03.821.

e da ampla defesa, com os meios e recursos a ela inerentes, também em processos judiciais.

A comprovação de que há atos e termos lavrados por pessoa incompetente é medida que assegura à parte paridade de tratamento, de acordo com o disposto na sistemática do CPC, na medida em que há direito subjetivo do contribuinte no sentido de ser auditado por juiz natural, também em âmbito administrativo. Atende-se de igual modo disposição constitucional que exige da Administração, entre outros, deferência para com os princípios da legalidade e da imparcialidade.

Também há nulidade de despachos e decisões proferidos por autoridade incompetente ou com preterição do direito de defesa. A preterição do direito de defesa é violação de direito constitucional, acarretando a nulidade do ato. O direito de defesa se qualifica como indicativo do devido processo legal, em seu sentido substantivo.

A preterição ao direito de defesa, a par de ensejar correção judicial, é circunstância que, na medida em que devidamente comprovado, suscita a declaração de nulidade, por parte da autoridade fazendária condutora do processo administrativo. Cuida-se a declaração de nulidade de medida excepcional. Deve-se ter em mira a defesa do contribuinte, bem como a ação da Fazenda Pública, pautada pela legalidade.

No processo administrativo, a nulidade de qualquer ato só prejudica os posteriores que dele diretamente dependam ou sejam consequência. Protegem-se os atos pretéritos, perfeitos, cuja consecução é independente de atos posteriores, eventualmente imputados como nulos.

O excerto se assemelha a comando geral do Código de Processo Civil de 1973, que dispunha em seu art. 248 que "anulado o ato, reputam-se de nenhum efeito todos os subsequentes que dele dependam: todavia, a nulidade de uma parte do ato não prejudicará as outras que dela sejam dependentes".

A regra foi mantida no Código de Processo Civil de 2015, que dispõe em seu art. 281 que "anulado o ato, consideram-se de nenhum efeito todos os subsequentes que dele dependam, todavia, a nulidade de uma parte do ato não prejudicará as outras que dela sejam independentes". Aplica-se o princípio enunciado na cláusula *pas de nullité sans grief*, o sentido de que não se possa conhecer de nulidade onde há prejuízo.

No PAF, ainda, quando puder decidir do mérito a favor do sujeito passivo a quem aproveitaria a declaração de nulidade, a autoridade julgadora não a pronunciará nem mandará repetir o ato ou suprir-lhe a falta. A nulidade, quando constatada, é declarada pela autoridade competente para praticar o ato ou julgar a sua legitimidade. Nulidades podem ser também pronunciadas de ofício pela autoridade julgadora. Em regra, no entanto, há necessidade natural de provocação da parte.

Quanto à relação do PAF com discussão que se trava no Judiciário, o decreto dispõe que, durante a vigência de medida judicial que determinar a suspensão da cobrança do tributo, não será instaurado procedimento fiscal contra o sujeito passivo favorecido pela decisão, relativamente, à matéria sobre que versar a ordem de suspensão.

Remete-se ao art. 151, IV e V, do CTN, que determina a suspensão da exigibilidade do crédito tributário por motivo de decisão judicial que aproveite o contribuinte. Deve-se também fazer referência ao art. 63 da Lei nº 9.430/1996, que determina a constituição do crédito tributário, por parte da autoridade administrativa, para prevenir a decadência, de créditos com exigibilidade suspensa, quando não se pode lançar multa de ofício.

7.2 As ações judiciais

7.2.1 Ação declaratória de inexistência de relação jurídico-tributária

Também denominada de ação declaratória negativa, tem como fundamento o art. 19 do Código de Processo Civil, que dispõe que o interesse do autor pode se limitar à declaração da existência, da inexistência ou do modo de ser de uma relação jurídica. Em princípio, a ação declaratória deve ser proposta antes do lançamento. Em virtude de que persegue uma declaração negativa chamada "pura", não há espaço para a tutela antecipada.

A ação declaratória se dirige para o enfrentamento de exigência fiscal indevida, antes do lançamento tributário. Tem por objetivo dissipar a incerteza e a insegurança, por parte do contribuinte, para quem a segurança jurídica é essencial para a condução de sua vida negocial.

A ação declaratória também pode ter por objeto pedido de reconhecimento de prescrição da obrigação tributária. Na essência, a matéria é substancialmente de Direito, dado o interesse do autor da ação de enfrentar a norma jurídica sobre a qual o Fisco pretende basear suposto direito de cobrança.

7.2.2 Ação anulatória do ato declarativo da dívida

A ação anulatória se fundamenta no art. 38 da Lei de Execuções Fiscais. Mencionado artigo dispõe que a discussão judicial da dívida ativa da Fazenda Pública só é admissível em execução, bem como em mandado de segurança, em ação de repetição de indébito, a par de ação anulatória. Referido artigo dispõe que a ação anulatória deve ser precedida de depósito preparatório do valor do débito, monetariamente corrigido e acrescido dos juros e multa de mora, e demais encargos.

A exigência de depósito judicial, como medida preparatória para o ajuizamento da ação, é determinação que limita o acesso à justiça. A questão foi pacificada pelo STF no contexto da Súmula Vinculante n° 28, que fixou que "é inconstitucional a exigência de depósito prévio como requisito de admissibilidade de ação judicial na qual se pretenda discutir a exigibilidade do crédito tributário".

A ação anulatória é proposta depois do lançamento e antes do ajuizamento da execução fiscal, adiantando-se às medidas de constrição. O depósito, ainda que não necessário, é medida que suspende a exigibilidade do crédito, nos termos do art. 151, II, do CTN. Trata-se de uma ação de procedimento comum e de rito ordinário.

7.2.3 Ação de consignação em pagamento

A ação de consignação em pagamento tem como fundamento o art. 164 do CTN. O crédito tributário pode ser consignado pelo sujeito passivo em três situações, que o CTN nomina. O contribuinte pode propor essa ação na hipótese de recusa de recebimento, ou subordinação do recebimento ao pagamento de outro tributo ou de penalidade, ou ao cumprimento de obrigação acessória.

É o caso do interessado em recolher IPTU e que não consegue guia de recolhimento, porque a Prefeitura exige, por exemplo, o pagamento de taxa de limpeza pública, como condição para recebimento desse imposto municipal.

Essa ação também pode ser proposta no caso de subordinação do recebimento ao cumprimento de exigências administrativas sem fundamento legal, por parte da autoridade fiscal. Por fim, a ação de consignação também cabe para o enfrentamento de exigência, por mais de uma pessoa jurídica de direito público, de tributo idêntico sobre um mesmo fato gerador.

É o caso de prefeituras de municípios limítrofes cobrando sobre fatos tributáveis idênticos. Exemplifica-se também com tentativa de a União cobrar ITR de um mesmo imóvel em face do qual um Município pretende cobrar IPTU.

O autor requer autorização para depositar o valor objeto da consignação, especialmente com o objetivo de afastar a mora. Consignação e depósito, no entanto, ainda que atos mecânica e operacionalmente idênticos, qualificam-se por natureza muito distinta.

Quem faz o depósito (no caso das outras ações, que não a consignação) pretende discutir o crédito. Não quer pagar. Tem expectativa de ganhar a ação, levantar o valor depositado e fulminar a pretensão do Fisco. Além do que, ao longo da discussão, tem a seu favor a suspensão da exigibilidade do crédito, o que lhe garante uma certidão positiva com efeitos de negativa.

Por outro lado, quem faz a consignação pretende pagar. Procurou o Judiciário justamente porque enfrenta resistência do Fisco, que se recusa a receber o tributo ou, ainda, nas hipóteses de bitributação.

Não nos esqueçamos de que a bitributação se revela como uma tentativa de dois entes públicos distintos cobrarem em face do mesmo fato tributável. Não é o caso do *bis in idem*, quando o mesmo ente público lança e cobra sobre dois fatos tributáveis. O *bis in idem* é permitido, a bitributação é vedada. No plano internacional a bitributação se resolve com os tratados internacionais. No plano interno, a questão se resolve pela ação de consignação em pagamento.

7.2.4 Ação de repetição de indébito

A ação de repetição de indébito é fundamentada pelos arts. 165 e 168 do CTN, bem como pelo art. 38 da Lei de Execuções Fiscais. Ocorre quando o contribuinte recolheu indevidamente o tributo, em valores que superam o efetivamente devido. Geralmente é ajuizada com pedido cumulado de compensação, à vista de dificuldades práticas que há com o recebimento do precatório.

Nos termos do art. 166 do CTN, a restituição de tributos que comportem, por sua natureza, transferência do respectivo encargo financeiro somente será feita a quem prove haver assumido o referido encargo, ou, no caso de tê-lo transferido a terceiro, estar por este expressamente autorizado a recebê-la. Tem-se um núcleo de discussão, relativo à aptidão para o pedido de devolução. O interessado deve comprovar que efetivamente suportou o ônus da tributação, o que lhe autorizaria a repetir o indébito.

No entanto, as diferenças que há entre contribuinte de fato e contribuinte de direito colocam questões práticas concretas, de difícil solução. Aquele que recolhe o tributo, na qualidade de substituto tributário, não é titular dos valores que recolheu, no interesse da Administração, e não detém legitimidade para requerer a devolução do que foi pago indevidamente, pelo contribuinte originário. Este último, por sua vez, não detém controle sobre o efetivo recolhimento do tributo.

O STF sumulou entendimento sobre o assunto, em 1963, baixando a Súmula nº 71, que fixava que embora pago indevidamente, não caberia restituição de tributo indireto. O CTN, dois anos depois, manteve a mesma lógica, dispondo que "a restituição de tributos que comportem, por sua natureza, transferência do respectivo encargo financeiro somente será feita a quem prove haver assumido o referido encargo, ou, no caso de tê-lo transferido a terceiro, estar por este expressamente autorizado a recebê-la".

O entendimento do STF foi posteriormente alterado, no contexto da Súmula nº 546, que dispôs que "cabe a restituição do tributo pago indevidamente, quando reconhecido por decisão que o contribuinte de jure não recuperou do contribuinte de facto o *quantum* respectivo". Há necessidade, assim, de que o terceiro (no caso quem disponibilizou o recurso, recolhido pelo responsável) autorize a repetição.

7.2.5 Execução fiscal, embargos à execução e exceção de preexecutividade

O modelo brasileiro de cobrança judicial de créditos tributários é regulado pela na Lei nº 6.830, de 22 de setembro de 1980 (Lei de Execuções Fiscais – LEF), que dispõe sobre a cobrança judicial da Dívida Ativa da Fazenda Pública e dá outras providências.

O texto vigente substituiu o Decreto-lei nº 960, de 17 de dezembro de 1938, que por sua vez emendou o Decreto nº 10.902, de 20 de maio de 1914, que reproduz excertos do Regulamento nº 737, de 25 de novembro de 1850. É um modelo muito antigo, que reclama mudanças.

Trata-se de lei de alcance nacional, prestando-se para a cobrança da dívida ativa da União, dos Estados, do Distrito Federal, dos Municípios e respectivas autarquias. Subsidiariamente, aplica-se o CPC.

A dívida regularmente inscrita goza da presunção de certeza e liquidez. Trata-se de presunção relativa (*iuris tantum*), que pode ser desconstituída em juízo. Nos termos da LEF, na execução fiscal, qualquer intimação ao representante judicial da Fazenda Pública será feita pessoalmente.

A certidão de dívida ativa (CDA) instrui execução fiscal que poderá ser promovida contra o devedor, o fiador, o espólio, a massa, o responsável, nos termos da lei, por dívidas, tributárias ou não, de pessoas físicas ou pessoas jurídicas de direito privado, bem como pelos sucessores a qualquer título.

Há hipóteses de redirecionamento da execução. É o caso da desconsideração da pessoa jurídica, quando a execução se dirige contra sócio ou responsável que esvaziou a capacidade de pagamento da empresa, em proveito próprio.

Tem-se hoje também a desconsideração inversa. Nesse caso, comprova-se esvaziamento patrimonial próprio, em favor da empresa, que se defende alegando que provê empregos, que recolhe tributos e que fomenta a economia.

A lei dispõe que a petição inicial e a CDA poderão constituir um único documento, preparado inclusive por processo eletrônico. A produção de provas pela exequente independe de requerimento na petição inicial. O valor da causa será o da dívida constante da certidão, com os encargos legais. Os encargos correspondem, na prática, aos honorários devidos aos procuradores fazendários.

De acordo com a LEF, o executado será citado para, no prazo de cinco dias, pagar a dívida com os juros e multa de mora e encargos indicados na CDA, ou garantir a execução. Importante ressaltar que o despacho do juiz que ordenar a citação interrompe a prescrição.

O devedor, com vistas a garantir a execução, pode depositar o equivalente ao montante cobrado, oferecer fiança bancária ou seguro-garantia, nomear bens à penhora, e ainda indicar à penhora bens oferecidos por terceiros e aceitos pela exequente.

No caso de penhora ou arresto, há uma ordem a ser seguida, que consiste em dinheiro, título da dívida pública ou título de crédito (com cotação em bolsa), pedras e metais preciosos, imóveis, navios e aeronaves, veículos, móveis ou semoventes, bem como direitos e ações.

Há também a penhora mercantil. Isto é, de acordo com a LEF, excepcionalmente, a penhora poderá recair sobre estabelecimento comercial, industrial ou agrícola, ou ainda em plantações ou edifícios em construção.

Uma vez feita a penhora ou o depósito, o executado pode apresentar embargos, discutindo a certidão de dívida ativa. A LEF não admite embargos antes da garantia da execução. Com os embargos, o juiz determina a intimação da exequente, para oferecer impugnação, no prazo de 30 dias.

A LEF também dispõe que se antes da decisão de primeira instância, a inscrição em dívida ativa for, a qualquer título, cancelada, a execução fiscal será extinta, sem qualquer ônus para as partes.

Também se dispõe que a cobrança judicial da dívida ativa não é sujeita a concurso de credores ou habilitação em falência, concordata, liquidação, inventário ou arrolamento. De igual modo, a exequente não está sujeita ao pagamento de custas e emolumentos. No entanto, se vencida, a exequente deverá ressarcir o valor das despesas feitas pela executada.

Outro ponto importante é o relativo à suspensão da execução. Dispõe a LEF que o juiz suspenderá a execução, enquanto não for localizado o devedor ou encontrados bens sobre os quais possa recair a penhora, e, nesses casos, não correrá o prazo de prescrição.

Inovação recente dispôs sobre prescrição intercorrente. Isto é, decorrido o prazo máximo de um ano sem que seja localizado o devedor ou encontrados bens penhoráveis, o juiz ordenará o arquivamento dos autos. Em seguida, se da decisão que ordenar o arquivamento tiver decorrido o prazo prescricional, o juiz, depois de ouvida a exequente, poderá, de ofício, reconhecer a prescrição intercorrente e decretá-la de imediato.

A **exceção de preexecutividade** permite a discussão do crédito independentemente da garantia de juízo. É resultado de construção jurisprudencial, trata-se de modelo ainda não positivado. Orienta-se pela Súmula nº 393 do STJ, que fixou que "a exceção de preexecutividade é admissível na execução fiscal relativamente às matérias conhecíveis de ofício que não demandem dilação probatória".

O excipiente deve alegar e comprovar nulidades absolutas, pagamento já efetuado, a par de decadência e prescrição, isto é, matérias de ordem pública.

7.2.6 Mandado de segurança

O mandado de segurança é regulamentado pela Lei nº 12.016, de 7 de agosto de 2009. Tem por objetivo a proteção de:

> direito líquido e certo, não amparado por *habeas corpus* ou *habeas data*, sempre que, ilegalmente ou com abuso de poder, qualquer pessoa física ou jurídica sofrer violação ou houver justo receio de sofrê-la por parte de autoridade, seja de que categoria for e sejam quais forem as funções que exerça (art. 1º).

Pode ser preventivo ou repressivo. O mandado de segurança preventivo enfrenta ameaça de lesão; o repressivo tem por objetivo o enfrentamento de lesão efetiva. O direito líquido e certo deve ser demonstrado de plano, não necessitando de dilação probatória.

É intensamente utilizado em matéria tributária. Por se tratar de ação constitucional, não há incidência de honorários de sucumbência. Como toda a ação tributária, na essência, é também uma ação política, os riscos com ações ordinárias são muito altos.

Por essa razão, há um motivo prático que justifica e incentiva o uso do mandado de segurança em matéria tributária. O mandado de segurança pode ser impetrado por pessoa física, pessoa jurídica, ou mesmo por uma universalidade de bens, a exemplo do espólio e do condomínio. No caso de mandado de segurança impetrado por pessoa jurídica, é necessária a presença da matriz, e não da filial.

O mandado de segurança não pode ser utilizado para discutir ato do qual caiba recurso administrativo com efeito suspensivo, independentemente de caução. De acordo com a lei, também não pode ser manejado na hipótese de decisão judicial da qual caiba recurso com efeito suspensivo, bem como em face de decisão judicial transitada em julgado.

O mandado de segurança, nesse sentido, não substitui a ação rescisória. O direito de requerer mandado de segurança se extingue em 120 dias, contados da ciência, pelo interessado, do ato impugnado.

A petição inicial segue os requisitos do CPC. A prova deve ser identificada e encaminhada de imediato. No entanto, se a prova estiver em posse da autoridade coatora, o juiz ordenará a apresentação do documento.

Com o despacho, o juiz determina a notificação da autoridade coatora para apresentar informações em dez dias. O representante jurídico que representa a autoridade coatora também é cientificado para ingressar no feito. A participação do Ministério Público é mandatória.

Da decisão do juiz, concedendo ou negando a liminar, cabe agravo de instrumento. A lei proíbe liminares que tem por objeto a compensação de créditos tributários, a entrega de mercadorias e bens provenientes do exterior, a reclassificação ou equiparação de servidores públicos e a concessão de aumento ou a extensão de vantagens ou pagamento de qualquer natureza.

A lei também dispõe que os efeitos da medida liminar, salvo se revogada ou cassada, persistirão até a prolação da sentença. E ainda, deferida a medida liminar, o processo terá prioridade para julgamento.

E ainda, da sentença, denegando ou concedendo o mandado, cabe apelação. Há também o duplo grau necessário, isto é, concedida a segurança, a sentença estará sujeita obrigatoriamente ao duplo grau de jurisdição.

8

Direito Penal Tributário

Os crimes contra a ordem tributária são temas que aproximam o Direito Tributário do Direito Penal. A ocorrência de fraude é uma das características mais marcantes dos crimes contra a ordem tributária. A extensão e os limites da ordem tributária, também protegida por normas penais, estão contidos na Constituição, especialmente no título VI, capítulo I, que trata da tributação (arts. 145 a 162). É nesse núcleo de Direito Constitucional que se tem a base para um microssistema que envolve matéria fiscal e matéria penal.

A legitimação para a construção desse modelo radica na Constituição e se justifica pela necessidade de o Estado alcançar recursos para realizar seus fins, que são de interesse coletivo e de ordem pública.

Há também relações com a política fiscal do Estado, que exige proteção em face de investidas contra sua integridade. Do ponto de vista mais prático, deve-se levar em conta, principalmente, que a arrecadação é o ponto central de todo o modelo. O interesse é arrecadatório, ainda que o fiel cumprimento das leis tributárias e a proteção ampla ao Erário também justifiquem os tipos penais afetos ao Direito Tributário.

Podem-se discutir os fundamentos da criminalização de certas ações ou omissões relativas à ordem tributária, perguntando-se qual é a finalidade de mencionada criminalização. O interesse é fundamentalmente arrecadatório, o que se pode exemplificar com a suspensão da pretensão punitiva do Estado, nas hipóteses de parcelamento do débito fiscal que decorra da criminalidade.

O STF definiu que "o contribuinte que, de forma contumaz e com dolo de apropriação, deixa de recolher o ICMS cobrado do adquirente da mercadoria ou serviço incide no tipo penal do artigo 2º (inciso II) da Lei nº 8.137/1990". Essa definição, contida no julgamento do Recurso Ordinário em *Habeas Corpus* (RHC) 163.334, revela entendimento do STF, no sentido de que o não recolhimento doloso de ICMS configura crime contra a ordem tributária.

Vale dizer, há fortíssima discussão relativa à suspensão da pretensão punitiva do Estado nas hipóteses de parcelamento do débito, por parte do sujeito ativo. Nos termos do art. 9º da Lei nº 10.684, de 30 de maio de 2003, suspende-se a pretensão punitiva do Estado, referente aos crimes de que tratam os arts. 1º e 2º da Lei nº 8.137, de 27 de dezembro de 1990, entre outros, durante o período de suspensão de exigibilidade do crédito tributário em decorrência do parcelamento. O criminoso parcela o que é devido, recolhe os valores e se safa da persecução penal.

Ao longo da mencionada suspensão de pretensão punitiva, não corre a prescrição criminal. A punibilidade se extingue quando a pessoa jurídica relacionada com o agente pagar integralmente os débitos tributários. O tema é recorrente na jurisprudência.

O STF já decidiu em *habeas corpus* (HC 85.661/DF) que a Lei n° 10.684/2003, relativa à suspensão da pretensão punitiva do Estado na hipótese de adesão ao parcelamento, aplica-se também aos processos criminais pendentes. Isto é, ainda que se tenha decisão condenatória, desde que não precluída pela via recursal, o que exige trânsito em julgado.

O STJ já decidiu na mesma linha, realçando que "o parcelamento integral dos débitos tributários decorrentes dos crimes previstos na Lei n° 8.137/1990, em data posterior à sentença condenatória, mas antes do seu trânsito em julgado, suspende a pretensão punitiva estatal até o integral pagamento da dívida".[1] Como se percebe, o benefício do parcelamento é muito amplo.

Por outro lado, o STJ também já decidiu que o simples pedido de parcelamento dos débitos não autorizaria a suspensão judicial do processo e do prazo prescricional. A suspensão somente ocorreria uma vez que consolidado parcelamento.

Há necessidade da devida identificação dos débitos incluídos no parcelamento. Na decisão se registrou que, sem esse procedimento, seria inviável saber se os débitos parcelados diziam respeito à ação penal que se pretenderia sobrestar.[2] Deve-se vincular o parcelamento à ação penal correspondente.

No contexto desse mesmo acórdão, firmou-se que a decisão que determina a suspensão ostenta natureza meramente declaratória. Retroage à data do pedido de parcelamento pelo devedor. Ainda de acordo com o acórdão, o acusado não po-

---

[1] STJ, HC 370.612/SP, Rel. Min. Maria Thereza de Assis Moura, Sexta Turma, julgado em 7.3.2017, DJe 17.3.2017; HC 353.827/PI, Rel. Min. Reynaldo Soares da Fonseca, Quinta Turma, julgado em 16.8.2016, DJe 25.8.2016; AgRg no AREsp 217.827/DF, Rel. Min. Sebastião Reis Júnior, Sexta Turma, julgado em 10.3.2015, DJe 20.3.2015; RHC 29.576/ES, Rel. Min. Marco Aurélio Bellizze, Quinta Turma, julgado em 19.11.2013, DJe 26.2.2014; HC 103.307/SP, Rel. Min. Napoleão Nunes Maia Filho, Quinta Turma, julgado em 18.12.2008, DJe 2.3.2009.

[2] STJ, REsp 0007693-59.2005.4.04.7001 PR 2011/0027596-2.

deria ser prejudicado pela demora na apreciação do pedido de parcelamento, por parte da Administração.

De igual modo, definiu-se que o mero pedido de "adesão a programa de parcelamento do débito não suspende a persecução penal por delitos materiais contra a ordem tributária, medida que fica dependente da consolidação dos débitos pelo ente tributante".[3] Há uma obrigação principal embutida no modelo, e que consiste exatamente no recolhimento do tributo devido.

Dentro da mesma lógica, o STJ já decidiu que o simples requerimento de adesão ao parcelamento não suspenderia a pretensão punitiva. O interessado deve comprovar que a Fazenda Pública efetivamente consolidou o parcelamento.

Além do que, há necessidade de que a matéria objeto do parcelamento tenha relação com a ação penal em curso.[4] Insista-se, há necessidade de que se deva comprovar a relação entre a ação penal que se queira sobrestar com o objeto do parcelamento.[5]

Há uma questão que deve ser sublinhada. O parcelamento deve ser feito pelo agente da prática criminosa, e não por terceira pessoa.[6] Esse comando pode oferecer problemas práticos, na hipótese dos crimes cometidos por pessoas jurídicas, o que é o mais comum. De qualquer forma, a suspensão da pretensão punitiva do Estado persiste, ao longo do parcelamento, até o integral pagamento dos valores devidos.[7]

---

[3] STJ, AgRg no AREsp 820.242/SP, Rel. Min. Ribeiro Dantas, 5ª Turma, julgado em 30.3.2021, DJe 6.4.2021.
[4] STJ, AgRg no HC 339.603/PE, Rel. Min. Jorge Mussi, 5ª Turma, julgado em 13.11.2018, DJe 22.11.2018.
[5] REsp 1.235.534/PR, Rel. Min. Sebastião Reis Júnior, 6ª Turma, julgado em 24.11.2015, DJe 17.12.2015.
[6] STJ, HC 246.372/MS, Rel. Min. Gurgel de Faria, 5ª Turma, julgado em 28.4.2015, DJe 18.5.2015.
[7] STJ, AgRg no AREsp 217.827/DF, Rel. Min. Sebastião Reis Júnior, 6ª Turma, julgado em 10.3.2015, DJe 20.3.2015.

Há necessidade da continuidade dos pagamentos devidos pelo parcelamento, com regularidade, ou a quitação integral do débito, para fins de suspensão da pretensão punitiva.[8] No caso da quitação integral, a pretensão punitiva está esgotada, e não pode ser renovada pelo mesmo motivo. Não basta o mero requerimento do parcelamento.[9] De igual modo, "simples adesão a parcelamento do débito, sem demonstração efetiva da consolidação do montante a ser solvido, não rende ensejo à suspensão da pretensão punitiva".[10]

O STJ também entende que seja necessário que o programa de parcelamento esteja em pleno cumprimento pelo acusado, para fins de suspensão da ação penal. É que o benefício não pode ter caráter meramente formal, o que, segundo decidido pelo STJ, pode configurar deslealdade para com o poder público.[11]

O STJ também entende que o parcelamento do débito tributário alcança débitos anteriores à lei que criou o benefício,[12] o que se sustenta no plano lógico. Do contrário, o modelo não teria eficácia.

O parcelamento enseja a suspensão da pretensão punitiva do Estado, e não a extinção da punibilidade, que só ocorre com o recolhimento final do tributo.[13] O interessado conta

---

[8.] STJ, AgRg no REsp 1.486.982/PE, Rel. Min. Jorge Mussi, 5ª Turma, julgado em 8.2.2018, DJe 19.2.2018.
[9.] STJ, AgRg no AREsp 962.729/RS, Rel. Min. Felix Fischer, 5ª Turma, julgado em 6.2.2018, DJe 19.2.2018.
[10.] STJ, HC 397.961/SP, Rel. Min. Maria Thereza de Assis Moura, 6ª Turma, julgado em 22.8.2017, DJe 31.8.2017.
[11.] STJ, RHC 105.342/RJ, Rel. Min. Ribeiro Dantas, 5ª Turma, julgado em 10.9.2019, DJe 16.9.2019.
[12.] STJ, AgRg no REsp 1.245.008/RJ, Rel. Min. Nefi Cordeiro, 6ª Turma, julgado em 15.3.2016, DJe 28.3.2016.
[13.] STJ, HC 210.350/SP, Rel. Min. Rogerio Schietti Cruz, 6ª Turma, julgado em 13.8.2019, DJe 30.8.2019.

com a suspensão da pretensão punitiva a seu favor, na medida em que o débito fiscal consolidado é pago pelo parcelamento, impedindo-se a prisão do réu ou revogando-se eventual ordem de aprisionamento.

A jurisprudência inicialmente fixou que a suspensão da pretensão punitiva somente seria cabível se o parcelamento ocorresse antes do trânsito em julgado da sentença penal condenatória.[14] A suspensão da pretensão punitiva seria possível, desde que não se tenha o trânsito em julgado da decisão condenatória.[15]

É o acusado a quem se incumbe de comprovar a existência de parcelamento em andamento. Não se admite *habeas corpus* em favor de paciente que não tenha essa comprovação demonstrada de plano, por conta da impossibilidade do uso desse recurso em assuntos que demandem dilação probatória.[16] No caso do *habeas corpus*, à vista de parcelamento, a comprovação imediata é condição de conhecimento e provimento da ação.

Deve-se tomar cuidado com a sucessão e substituição de parcelamentos. Já se decidiu que um novo parcelamento não teria aptidão para suspender a pretensão punitiva do Estado, em razão de exclusão de parcelamento anterior, por inadimplemento.[17] A adesão, já se decidiu, deve ocorrer antes do recebimento da denúncia.[18]

---

[14] STJ, HC 353.827/PI, Rel. Min. Reynaldo Soares Da Fonseca, 5ª Turma, *DJe* 25.8.2016.
[15] STJ, EDcl nos EDcl no AgRg no RE nos EDcl nos EDcl no AgRg no AREsp 148.140/RR, Rel. Min. Gilson Dipp, Corte Especial, julgado em 5.2.2014, *DJe* 11.2.2014.
[16] STJ, HC 465.049/SP, Rel. Min. Laurita Vaz, 6ª Turma, julgado em 6.12.2018, *DJe* 19.12.2018.
[17] STJ, RHC 96.587/SC, Rel. Min. Nefi Cordeiro, 6ª Turma, julgado em 4.12.2018, *DJe* 13.12.2018.
[18] STJ, RHC 67.089/SP, Rel. Min. Felix Fischer, 5ª Turma, julgado em 4.8.2016, *DJe* 17.8.2016.

Não se pode confundir a suspensão da pretensão punitiva com pretensão executória. A suspensão da punibilidade não alcança a ação penal transitada em julgado.[19] Em julgados anteriores, o STJ havia decidido que:

> o fato de tratar-se de execução, ou seja, de já ter havido o trânsito em julgado da condenação, não impede que haja a suspensão do feito, desde que comprovado, da mesma forma, que os débitos objeto de parcelamento guardem relação com aquele. Isso porque, sendo possível a extinção da punibilidade a qualquer tempo, nos termos do art. 69 da Lei nº 11.941/2009, na hipótese de haver o pagamento integral do débito tributário, tem-se, pela lógica, como sendo perfeitamente admissível não só a suspensão da pretensão punitiva, mas também da pretensão executória, em caso de concessão do parcelamento instituído pela referida legislação.[20]

A sentença condenatória, nessa lógica decisória, não afastaria a possibilidade do uso do parcelamento, para efeitos de suspensão de pretensão punitiva do Estado.[21] A suspensão persiste enquanto durar a avença celebrada no parcelamento.[22] A suspensão da pretensão punitiva do Estado nos crimes contra a ordem tributária é explicada, em termos operacionais, pela pretensão arrecadatória do Estado.

O tema dos crimes contra a ordem tributária fora originalmente tratado pela Lei nº 4.729, de 14 de julho de 1965,

---

[19] STJ, RHC 72.196/RS, Rel. Min. Ribeiro Dantas, 5ª Turma, julgado em 1º.12.2016, DJe 7.12.2016.
[20] STJ, REsp 1.234.696/RS, Rel. Min. Laurita Vaz, 5ª Turma, julgado em 17.12.2013, DJe 3.2.2014.
[21] STJ, HC 353.827/PI, Rel. Min. Reynaldo Soares da Fonseca, 5ª Turma, julgado em 16.8.2016, DJe 25.8.2016.
[22] STJ, RHC 71.158/SC, Rel. Min. Maria Thereza De Assis Moura, 6ª Turma, julgado em 20.10.2016, DJe 11.11.2016.

que definia o crime de sonegação fiscal e dava outras providências. Os tipos descritos nessa lei reproduziam condutas que já estavam disciplinadas no Código Penal.

O Brasil passava por uma reforma tributária. A Emenda Constitucional nº 18/1965, alterou o modelo originário da Constituição de 1946. O CTN foi aprovado no Congresso e sancionado pelo Presidente da República. A lei dos crimes contra a ordem tributária seguia a mesma lógica, de proteção e impulso ao modelo arrecadatório.

Havia disposição expressa no sentido de que somente os tipos definidos naquela lei poderiam constituir crime de sonegação fiscal (art. 3º). Nesses termos, constituíam crimes fiscais (art. 1º) a prestação de declaração falsa, ou a omissão, total ou parcial, de informação que deveria ser produzida a agentes das pessoas jurídicas de direito público interno, com a intenção de se eximir, total ou parcialmente, do pagamento de tributos, taxas e quaisquer adicionais devidos por lei.

Tipificava-se ainda a inserção de elementos inexatos ou a omissão de rendimentos ou operações de qualquer natureza em documentos ou livros exigidos pelas leis fiscais, com a intenção de se exonerar do pagamento de tributos devidos à Fazenda Pública.

Entre os tipos penais havia também o fornecimento ou emissão de documentos graciosos ou alteração de despesas, majorando-as, com o objetivo de obter dedução de tributos devidos, sem prejuízo das sanções administrativas cabíveis. Por fim, era crime também a exigência, o pagamento ou o recebimento, próprio ou para outro contribuinte, de qualquer percentagem sobre a parcela dedutível ou deduzida do imposto sobre a renda como incentivo fiscal. Penalizava-se com a detenção, de seis meses a dois anos, e multa de duas a cinco vezes o valor do tributo. A pena era aumentada nas hipóteses de cometimento por funcionário público que se valesse do cargo.

Conceitualmente, há inúmeras semelhanças entre o Direito Tributário e o Direito Penal. O conceito de fato gerador, nuclear no Direito Tributário, assemelha-se ao conceito de tipo, essencial no Direito Penal. O Direito Tributário também se relaciona com o Direito Internacional. Os tratados de bitributação são regidos pelos princípios do Direito das Gentes.

Os crimes contra a ordem tributária são hoje tratados pela Lei nº 8.137, de 27 de dezembro de 1990, especialmente nos três primeiros artigos. Tutela-se a Fazenda Pública. A matéria também está no Código Penal (CP), arts. 334 e 334-A, que dispõem sobre os crimes de contrabando e descaminho.

O tratamento normativo desses dois crimes foi alterado por força da Lei nº 13.008, de 26 de junho de 2014. Na redação original contrabando e descaminho compunham o mesmo tipo. No texto atual os tipos foram separados. O descaminho está no art. 334 e o contrabando no art. 334-A. Trata-se de crimes omissivos ou comissivos, dependendo do enquadramento legal das várias hipóteses.

O descaminho é definido como "iludir, no todo ou em parte, o pagamento de direito ou imposto devido pela entrada, pela saída ou pelo consumo de mercadoria". A pena é de reclusão, de um a quatro anos.

Nos termos do CP, a mesma pena é aplicada a quem pratica navegação de cabotagem, fora dos casos permitidos em lei; a quem pratica fato assimilado, em lei especial, a descaminho; a quem vende, expõe à venda, mantém em depósito ou, de qualquer forma, utiliza em proveito próprio ou alheio, no exercício de atividade comercial ou industrial, mercadoria de procedência estrangeira que introduziu clandestinamente no país ou importou fraudulentamente ou que sabe ser produto de introdução clandestina no território nacional ou de importação fraudulenta por parte de outrem; bem como a quem adquire, recebe ou oculta, em proveito próprio ou alheio, no exercício de atividade comercial ou industrial, mercadoria de procedência estrangeira, desacompanhada de documentação legal ou acompanhada de documentos que sabe serem falsos.

O comércio irregular ou clandestino de mercadorias estrangeiras, inclusive o exercido em residências, é equiparado às atividades comerciais que a lei alcança. A lei também dispõe que a pena será aplicada em dobro, na hipótese da prática do crime por transporte aéreo, marítimo ou fluvial.

No caso do descaminho o bem jurídico protegido é o produto nacional. Há um objetivo econômico que sustenta a concepção de ilícito. Há também relações com os impostos de importação e de exportação. O descaminho via de regra incide negativamente no recolhimento do imposto de importação, e tem como causa, do ponto de vista econômico, a tentativa de se comercializar produto de origem estrangeira.

A sujeição ativa é de qualquer pessoa, mais especificamente, o contribuinte ou o responsável que pratica as condutas descritas. Geralmente, o crime é cometido por um grupo, o que configura a formação de quadrilha. A sujeição passiva é de todos os entes federados que são prejudicados, em virtude da diminuição das respectivas arrecadações. À luz de uma perspectiva mais ampla, a sujeição passiva é de toda a sociedade.

No crime de descaminho, pode-se invocar o princípio da insignificância, devendo-se levar em conta, no entanto, a periculosidade do agente e a reprovabilidade da conduta. A prática reiterada do descaminho subtrai do agente a mitigação da conduta que radicaria no princípio da insignificância.

É o caso das "formiguinhas", recorrentes no trânsito do Paraguai para o Brasil, via Estado do Paraná, pela Ponte da Amizade, em Foz do Iguaçu. Essas pessoas cruzam a fronteira, compram produtos no Paraguai e têm a intenção de vendê-los no Brasil.

O contrabando, por sua vez, refere-se à importação ou exportação de mercadoria proibida. A reinserção no território nacional de mercadoria brasileira destinada à exportação também caracteriza o crime de contrabando. E, a exemplo do descaminho, a pena é aplicada em dobro na hipótese de transporte aéreo, marítimo ou fluvial.

No caso do contrabando, a sujeição passiva é da União, detentora de competência constitucional privativa para legislar sobre comércio exterior e interestadual. E, a exemplo do crime de descaminho, no crime de contrabando a sujeição passiva é de toda a coletividade. A sujeição ativa também é do contribuinte ou responsável, podendo, no mais das vezes, verificar-se a figura do concurso de pessoas.

Nos termos da Lei nº 8.137/1990, também constitui crime contra a ordem tributária suprimir ou reduzir tributo, ou contribuição social e qualquer acessório, mediante as condutas que a lei explicita.

São elas: omitir informação, ou prestar declaração falsa às autoridades fazendárias; fraudar a fiscalização tributária, inserindo elementos inexatos, ou omitindo operação de qualquer natureza, em documento ou livro exigido pela lei fiscal; falsificar ou alterar nota fiscal, fatura, duplicata, nota de venda, ou qualquer outro documento relativo à operação tributável; elaborar, distribuir, fornecer, emitir ou utilizar documento que saiba ou deva saber falso ou inexato; negar ou deixar de fornecer, quando obrigatório, nota fiscal ou documento equivalente, relativo a venda de mercadoria ou prestação de serviço, efetivamente realizada, ou fornecê-la em desacordo com a legislação. Em todos os casos, a pena é de reclusão, de dois a cinco anos, e multa (art. 1º da Lei nº 8.137/1990).

Também constitui crime contra a ordem tributária fazer declaração falsa ou omitir declaração sobre rendas, bens ou fatos, ou empregar outra fraude, para eximir-se, total ou parcialmente, de pagamento de tributo; deixar de recolher, no prazo legal, valor de tributo ou de contribuição social, descontado ou cobrado, na qualidade de sujeito passivo de obrigação e que deveria recolher aos cofres públicos; exigir, pagar ou receber, para si ou para o contribuinte beneficiário, qualquer percentagem sobre a parcela dedutível ou deduzida de imposto ou de contribuição como incentivo fiscal; deixar de aplicar, ou aplicar em desacordo com o estatuído, incentivo fiscal ou parcelas de imposto liberadas por órgão ou entidade de desenvolvimento; utilizar ou divulgar programa de processamento de dados que permita ao sujeito passivo da obrigação tributária possuir informação contábil diversa daquela que é, por lei, fornecida à Fazenda Pública. Nesses casos, a pena é de detenção, de seis meses a dois anos, e multa (art. 2º).

No caso da declaração falsa ou de omissão de declaração sobre rendas, tem-se um crime formal. Não há necessidade de resultado para que se tenha a consumação. Há também, em favor do Fisco, uma presunção relativa de omissão de receita, na hipótese de incompatibilidade entre os rendimentos informados pelo contribuinte e os valores movimentados. Trata-se de presunção que pode ser desconstruída pelo sujeito ativo, segundo já decidido pelo STJ.[23]

A Lei nº 8.137/1990, também dispõe que constitui crime funcional contra a ordem tributária, além dos crimes previstos no Código Penal, o extravio de livro oficial, processo fiscal ou qualquer documento, de que o servidor tenha a guarda em razão da função; sonegá-lo; ou inutilizá-lo, total ou parcialmente, acarretando pagamento indevido ou inexato de tributo ou contribuição social; exigência, solicitação ou recebimento, para o servidor ou para outrem, direta ou indiretamente, ainda que fora da função ou antes de iniciar seu exercício, mas em razão dela, vantagem indevida; ou aceitar promessa de tal vantagem, para deixar de lançar ou cobrar tributo ou contribuição social, ou cobrá-los parcialmente. Nesses casos, a pena é de reclusão, variando de três a oito anos e multa.

É também crime o patrocínio, direto ou indireto, de interesse privado perante a administração fazendária, valendo-se da qualidade de funcionário público. Na hipótese, a pena é de reclusão, de um a quatro anos, e multa.

Tanto no crime de descaminho, quanto no de contrabando, a ação penal é pública incondicionada. Do ponto de vista da materialidade no caso dos crimes contra a ordem tributária é necessária a constituição definitiva do crédito tributário. É exatamente esse o conteúdo da Súmula Vinculante nº 24 do STF, no sentido de que "não se tipifica crime material contra a ordem tributária, previsto no art. 1º, incisos I a IV, da Lei nº 8.137/1990, antes do lançamento definitivo do tributo".

Há necessidade de que seja feita uma representação fiscal para fins penais. Deve a autoridade tributária concluir o

---

[23.] STJ, 6ª Turma, REsp 1.326.034/PE, Rel. Min. Og Fernandes, julgado em 2.10.2012.

processo administrativo fiscal, encaminhando as informações ao Ministério Público, titular da ação penal. No caso das fraudes, tem-se a absorção pelo crime-fim, exatamente como preconizado pelo Súmula n° 17 do STJ, que dispõe que "quando o falso se exaure no estelionato sem mais potencialidade lesiva, é por este absorvido".

9

Direito Tributário Internacional

A duplificação da incidência fiscal se dá na hipótese de exigência de incidências idênticas, sobre o mesmo fato tributável, por entidades políticas soberanas diversas. A dupla imposição, por outro lado, tolerável, realiza-se no campo interno.

O exemplo mais recorrente que a doutrina apresenta é a tributação do imposto de renda sobre as pessoas jurídicas, que também alcança o sócio, quando da distribuição dos lucros. Trata-se do tema central no contexto do Direito Tributário Internacional.

A bitributação se dá quando Estados soberanos distintos cobram, do mesmo contribuinte, impostos vinculados ao mesmo objeto tributável. Pensa-se, assim, na dupla imposição relativa ao imposto de renda, quando mais de um Estado pretende alcançar fatos geradores idênticos, a propósito de incidência tributária.

No sentido econômico, há incidência em vários segmentos, setores e instantes da cadeia produtiva, tal como inserida no universo tributável. Trata-se do fenômeno que a doutrina denomina de sobreposição de impostos.

No sentido jurídico, verifica-se a pluralidade de soberanias como elemento indicativo da exigência de impostos por soberanias fiscais e originárias distintas. Exige-se ampla identificação, a exemplo do objeto tributável, de sujeito passivo, de período tributário e de tributos.

Exatamente como no Direito Internacional Privado, quando elementos de conexão indicam a regra nacional a ser aplicada, os tratados de bitributação se referem a aspectos de nacionalidade, de domicílio e residência, de sede e direção, identificação de estabelecimento permanente, de situação do bem, de fonte dos rendimentos, além de clarificação de país de origem ou de destino, especialmente em relação a impostos indiretos, sobretudo sobre vendas.

Quanto aos tratados internacionais em matéria tributária, há modelo geralmente seguido, organizado pela Organização de Cooperação e Desenvolvimento Econômico (OCDE), que em linhas gerais se desenha como segue. Em língua inglesa, trata-se do *Model Tax Convention on Income and on Capital*.

A OCDE é a sucessora da Organização para a Cooperação Econômica Europeia, que surgiu no fim da segunda guerra mundial com o objetivo de conduzir o Plano Marshall, que se prestava a implementar ajuda dos Estados Unidos para o projeto de reconstrução da Europa devastada no conflito de 1939-1945.

A OCDE tem sua sede em Paris. Atualmente agrega 30 membros e também projeta seus efeitos sobre outros 70 países não membros, mas que seguem suas instruções gerais. Compromissos com a economia de mercado é condição para a aceitação de que um país seja membro da OCDE. O Brasil não é membro ativo da OCDE.

O modelo de tratados previsto pela OCDE pretende remover obstáculos referentes à dupla tributação e seus efeitos maléficos em relação à circulação de mercadorias, serviços, capitais, tecnologias e pessoas. A primeira recomendação da OCDE para tratados data de 1955, em continuidade a trabalho que remonta à Liga das Nações e algumas experiências pioneiras, em 1921.

O texto atual é composto de 31 artigos, divididos em 7 capítulos. Cuida-se da identificação das pessoas que são atingidas pelo texto, os tributos, definições gerais, conceitos de residência e de local de negócios, tributação de renda, de capital, identificação de métodos para eliminação da bitributação, bem como disposições especiais e finais.

Aplica-se a Convenção a residentes de um ou de ambos Estados que aderiram ao pacto, considerando-se que a dupla tributação exige identificação de duas unidades políticas que em princípio poderiam tributar a mesma transação. O texto da Convenção se refere e se aplica a tributos que incidem sobre renda e capitais, de competência dos Estados contratantes, não se importando a forma como tais tributos são lançados.

Consideram-se como tributos todos os valores e exações que se referem à renda, a ganho de capital, incluindo-se impostos incidentes sobre ganhos relativos as alienações de propriedade móveis e imóveis, sobre salários e sobre apreciação de capital. A Convenção também se aplica a tributos idênticos ou substancialmente similares aos que os Estados contratantes criarem, a partir da assinatura do pacto.

As autoridades competentes dos Estados pactuantes devem notificar aos demais Estados, quando alterarem significativamente suas legislações tributárias. O modelo centra-se, como se vê, na concepção política de Estado, em sentido estrito.

O conceito de **residente** é amplo, dado que se tem por residente, para os efeitos da Convenção, qualquer pessoa que esteja obrigada às leis de determinado Estado, por motivos de domicílio, de residência (no sentido estrito), local de gerência ou mesmo qualquer outro critério de natureza similar.

A expressão **residente**, no entanto, não se aplica a quem quer que seja vinculado a um determinado Estado apenas por motivo de que no aludido Estado produza rendas. O conceito não alcança suposição de residência em sentido virtual, típica de sociedade em rede, como a atual.

Concebe-se o **estabelecimento permanente**, qualificado como o local comercial fixo, no qual os negócios de uma empresa são totais ou parcialmente conduzidos. O conceito envolve também o local no qual se encontra o gerenciamento do negócio, uma filial, um escritório de representação, uma fábrica, um ponto onde se reúna esporadicamente para discussão dos negócios da empresa, pontos de exploração de óleo, de gás natural ou qualquer outro recurso natural. Um local em construção ou mesmo um projeto de instalação configuram estabelecimento permanente, conquanto que em vias de edificação ou de planejamento há pelo menos 12 meses.

Não se inclui, na qualidade de **estabelecimento permanente**, o uso de instalações como depósitos ou a manutenção de locais fixos, que apenas aparentemente identificariam um centro administrativo ou negocial.

Receitas de residentes em Estados contratantes, em relação a bens imóveis, incluindo-se recursos de agricultura ou de exploração de florestas, mas cujos fatos geradores se fazem em outro Estado contratante, devem ser tributadas nesse outro Estado, de modo que se aplique a regra *locus regit actum*.

Lucros decorrentes de negócios e comércio serão tributados, em princípio, no Estado sede da empresa. No que toca a lucros decorrentes operações de aeronaves e de navios, a tributação deve ser feita no posto efetivo de gerenciamento da sociedade que obteve os lucros.

O Modelo de Acordo também faz previsão referente à tributação de empresas associadas, com previsão de compensação e de encontro de contas entre mais de uma empresa, do mesmo grupo, sediadas em Estados diferentes.

Nos termos do modelo, prevê-se que dividendos pagos por empresa com sede em um Estado contratante e destinados a quem resida em outro Estado contratante serão tributados neste último.

A regra não é absoluta, há circunstâncias que justificam exceção, quando há lei específica de Estado contratante determinando que parcela dos dividendos seja internamente tributada.

Lucros obtidos em território de Estado contratante, porém pagos a residentes de outro Estado contratante, serão tributados por este último Estado. Todavia, nos mesmos moldes da tributação de dividendos, há exceções, em relação ao Estado contratante que tenha lei interna com disposição específica.

Os *royalties* devem ser tributados no Estado contratante no qual o beneficiário mantenha residência. Ganhos de capital decorrentes de alienação de imóveis situados em outro Estado contratante são tributados neste último Estado. No que toca a esses ganhos, vinculados à propriedade móvel, a tributação também se dá, nos termos do modelo, junto ao Estado no qual os negócios se implementaram.

Salários devem ser tributados nos Estados onde são prestados os serviços. No entanto, tais valores podem ser taxados nos Estados de origem do beneficiário se o mesmo permanecer no Estado onde trabalhou por um período inferior a 183 dias dentro de um mesmo ano fiscal. Artistas e esportistas são tributados nos Estados nos quais auferem receitas. Funcionários públicos devem ser tributados pelos Estados para os quais prestam serviços.

O Modelo de Convenção indica dois métodos básicos para que se evite a bitributação. Prevê-se a isenção ou sistema de crédito e de compensação. Isenta-se de tributação interna circunstâncias e valores alcançados por tributação em outro Estado contratante.

Pode-se também propiciar ao interessado regime de dedução. Tributos anteriormente recolhidos, e referentes a situação fática, também posteriormente tributável, podem ser deduzidos pelo interessado, que compensará valores.

Há previsão para troca de informações entre os Estados contratantes, o que pode oxigenar movimento internacional para o combate à sonegação e aos demais crimes fiscais. Medidas administrativas seriam tomadas pelos Estados contratantes.

No entanto, a exemplo do que já ocorre em âmbito interno, há inegável clima de guerra fiscal, o que indiretamente afeta Estados contratantes, por meio de práticas heterodoxas por parte de outros Estados, que propiciam paraísos fiscais e bancários para os interessados. De modo mais amplo, o Modelo de Convenção cogita também de roteiro para assistência mútua para a administração da cobrança de tributos.

Há indícios de paraísos fiscais ou de tributação moderada em jurisdições como Liechtenstein, Andorra, Chipre, Gibraltar, Ilhas do Canal, Madeira, Malta, Mônaco, Países

Baixos, Luxemburgo, Suíça, Panamá, Névis, Aruba, Anguilla, Barbados, Bahamas, Antígua e Barbuda, Belize, Bermudas, Ilhas Virgens Britânicas e Ilhas Cayman, Hong Kong, Ilha Maurício, Ilhas Cook, Uruguai, Libéria, Vanuatu e Dubai (Emirados Árabes Unidos). Essa lista não é permanente, e depende de circunstâncias normativas que variam de acordo com as políticas fiscais adotadas por esses países.

O Brasil assinou inúmeras outras convenções e tratados, em matéria de tributação internacional, especialmente com o objetivo de se evitar a bitributação. Essas tratativas se destinam a evitar dupla tributação e prevenir evasão fiscal. Tem-se como eixo condutor da concepção desses tratados o Modelo da OCDE, cujos contornos foram acima identificados.

Tratados internacionais em matéria tributária envolvem culturas distintas, universos normativos que não se comunicam e concepções linguísticas que não se adaptam. Exigem, assim, técnicas específicas de interpretação, centradas no princípio da boa-fé.

Deve-se atentar para os arts. 31 e 32 da Convenção de Viena, que dispõem que os tratados devem ser interpretados de acordo com a boa-fé. Remete-se ao contexto no qual o tratado foi concebido, bem como seus objetos e propósitos. O preâmbulo e os anexos consistem, assim, em importantes elementos auxiliares nas técnicas de interpretação.

O conceito de boa-fé pressupõe também leitura subjetiva da atitude do Estado signatário, que necessariamente não tem o mesmo significado para o outro Estado signatário. A própria concepção de **significado comum** a ser dado aos termos do tratado foge a compreensão objetiva, racional e concreta, impossibilitando certeza absoluta de que as partes contratantes se referem aos mesmos termos com a mesma intensidade objetiva.

Referências

ARISTÓTELES, *Ética a Nicômaco*. São Paulo: Nova Cultural, 1996. (Coleção Os Pensadores.)

ATALIBA, Geraldo. *Noções de direito tributário*. São Paulo: RT, 1964.

BALEEIRO, Aliomar. *Limitações constitucionais ao poder de tributar*. Rio de Janeiro: Forense, 1995.

CARVALHO, Paulo de Barros. *Curso de direito tributário*. São Paulo: Saraiva, 2011.

HOLMES, Stephen; SUNSTEIN, Cass R. *The Cost of Rights:* why liberty depends on taxes. New York and London: W. W. Norton & Company, 1999.

MAXIMILIANO, Carlos. *Hermenêutica e aplicação do direito*. Rio de Janeiro; São Paulo: Freitas Bastos, 1965.

MORAES, Bernardo Ribeiro. *Compêndio de direito tributário*. Rio de Janeiro: Forense, 1993. v. 1.

NOGUEIRA, Ruy Barbosa. *Curso de direito tributário*. São Paulo: Saraiva, 1999, p. 157.

PINTO, Bilac. *Contribuição de melhoria*. Rio de Janeiro: Forense, 2009. (Atualização de Firly Nascimento Filho.)

TORRES, Ricardo Lobo. *Normas de interpretação e integração do direito tributário*. Rio de Janeiro: Forense, 1994.